인공 지능시대의 정책결정:

과학기술정책과 정보화 맥락

김준모

도서출판 지식나무

머리말

정책학과 행정학 분야의 전공 서적들이 과거에 비해 양적 질적으로 풍부한 시기가 되었다. 이 점은 대학에서 학부나 대학원 강의에 활용할 연구서와 교재가 충분해졌음을 의미하기에 대학에 있는 사람들 뿐 아니라, 실무에 있는 분들, 그리고 학업과 시험 준비에 임하는 많은 분들에게 도움이 되는 소식이라 할 수 있다.

그럼에도 막상 대학원 강의나 여러 형태의 토론의 장에서 느끼는 점, 그리고 학부 시기에 행정학이나 정책학 수업을 수강한 이후, 상당 기간이 흐른 후에 석사 과정에 복귀하여 수업을 듣는 분들의 반응을 보면, 최선단 이론서와 과거의 교재들 사이를 메워줄 연구서 형태이면서, 실무자들이나 학생들에게도 도움이 될만한 일종의 간극 메우기의 역할을 담당할 연구서가 필요하다는 생각을 갖게 되어 이 책을 준비하게 되었다.

또 다른 기획의 동기는 굳이 새 이론이라고 부르기에 시간이 경과하였음에도 우리 사회 전반에서 충분히 소개되고 있지 않은 이론 내용과 현실을 접목하는 노력을 하고자 함이다. 본문에서 살펴볼 바와 같이 집단 사고이론은 그 이후에 어떻게 되었는지, 집단 사고의 특성이 존재한다면 무엇을 해야 하는 것인지에 대한 제시를 충분히 해 주지 못하고 있는 점에 대한 시사점을 제시해 보고자 한다. 아무쪼록 이 책의 기획 의도가 독자분들에게 도움이 되시길 기대해 본다.

2023년 4월

저자

차 례

<표 목차>

<그림 목차>

제1장 서 론

1. 연구의 배경 및 목적

정책이란 공공의 문제를 해결하기 위한 인위적인 노력이라고 정의될 수 있다. 정책의 개념을 접근하기 위해서는 문제가 무엇인가에 대한 이해가 선행되어야 한다. 이 세상에는 수많은 문제들이 존재하고 있는데, 문제는 어떤 면에서는 기대하거나 열망하고 있는 수준과 현 수준과의 차이라고 말할 수 있다.[1] 따라서, 이러한 열망 수준과 현실 수준과의 차이를 해결을 주는 것이 정책의 개념이자 기능이라고 할 수 있다. 그러나, 모든 문제가 사회 문제로 될 수는 없으며, 사회 문제 중에서도 특정한 조건을 충족하는 사회 문제[2]만이 공공 정책의 문제로 규정될 수 있는 것이다.[3]

이러한 정책의 특성을 이론적으로, 실무의 지식이나 경험을 바

---

[1] John W. Kingdon., Agendas, Alternatives, and Public Policies, Boston: Little, Brown, 1984
Jonathan J Pierce et .al., "Social Construction and Policy Design: A Review of Past Applications", Policy Studies Journal 42(1) February 2014

[2] Gusfield, J.R. The culture of public problems: Drinking-driving and the symbolic order The Univ. of Chicago Press 1984.

[3] Peter deLeon, Book Review: Social Construction for Public PolicyReviewed Work: Deserving and Entitled: Social Constructions and Public Policy by Anne L. Schneider, Helen M. Ingram Public Administration Review 2005 American Society for Public Administration
Joseph R. Gusfield, Constructing the Ownership of Social Problems: Fun and Profit in the Welfare State, Social Problems, Volume 36, Issue 5, 1 December 1989, Pages 431?441,

탕으로 전달하려는 수많은 노력들이 진행되어 왔고, 우리나라에서도 대학 교재와 그 이상의 내용을 지닌 연구서들이 공급되어 왔다. 그럼에도 전문 연구분야 간의 특성상 사실상 연계되어 있는, 그리고, 연결하여 이해하면 좋을 내용들이 분절되어 전수되고 유통되고 있는 점 또한 피하기 어려운 현실이 되었다. 이 책은 이러한 지식의 유통의 사각지대를 조금 더 빛으로 비추어 보려는 노력의 하나로서 기획되었다.

이 책을 기획함에 있어서 가장 먼저 착안한 점은 정부 부문 전반, 연구계 중에서도 정책학을 원용하는 다양한 유형의 그룹에서, 그리고 대학원생들과 학부생들에게 이르기까지 광범위하게, 행정학이나 정책학의 기본적 이론과 개별 정책학 예컨대, 과학 기술정책이나 환경 정책론의 영역 간의 단절이 있다는 점이다. 가장 대표적인 예는 본문에서도 살펴볼 예 중 하나이지만, 합리모형의 효용성에 대한 정확한 이해가 현장과 이론 간의 격차가 크다는 점이다. 이러한 격차의 존재는 합리모형은 현실에서는 무용하다는 이론적 학습을 해 온 식자층들이 현실에선 인공 지능의 정책적 활용에 갈채를 보내고 있다. 인공 지능의 정책적 활용은 본질적으로 합리모형의 유용성을 확장해 나가는 것의 일례이다.

두 번째의 기획의 동기는 굳이 새 이론이라고 부르기에 시간이 경과하였음에도 우리 사회 전반에서 충분히 소개되고 있지 않은 이론 내용과 현실을 접목하는 노력을 하고자 함이다. 본문에서 살펴볼 바와 같이 집단 사고이론은 그 이후에 어떻게 되었는지 집단 사고의 특성이 존재한다면 무엇을 해야 하는 것인지에 대한 제시를 충분히 해 주지 못하고 있는 점에 대한 시사점을 제시해 보고자 한다.

2. 책의 범위 및 내용

이 책의 1장에 이어 2장에서는 주요 정책 결정 이론들에 대한 검토를 수행하였고, 이어서 3장에서는 전자 정부에 이르는 단계에 대하여 제시해 보았다. 이를 바탕으로 4장에서는 정책 결정에 영향을 미치는 요인들로서 인공 지능과 집단 사고의 역할을 고찰하였다. 집단 사고의 경우도 다른 국내 저서에서 덜 다루어진 내용임을 고려하여 집필하였다. 5장에서는 정책결정 상의 인지적, 제도론적 제약이라는 제목 하에 인지 심리학과 제도경제학과의 관계를 살펴보았다.

이 책의 본문에서 제시되겠지만, 만족 모형에 나오는 사이몬의 제약된 합리성 이론은 카네만의 인지 심리학과 이를 기반한 행동 경제학에도, 그리고 제도 경제학에도 이론의 특성면에서 근연성을 갖는다. 마지막으로 제6장에선 간략하게 이 책에서의 여러 장들의 의미에 대하여 언급하면서 마무리를 제시하고 있다.

제2장 주요 정책 결정 이론들에 대한 검토

정책결정론은 정책에 관련된 이론들 중 그동안 가장 널리 알려진 이론들로서 각 이론들은 그 이론들의 등장 배경, 분석 수준, 이론가의 특성등에 따라 다양한 논점의 주장을 전개하고 있다.

1. 정책 결정의 개념

정책결정에 대한 연구의 목적이나 관점에 따라 학자마다 정의하는 개념이 다양한데, 정책결정은 '사회적 문제를 공적으로 해결하는 일반적 방향의 결정'이고, 정책결정을 '다양한 인자들이 상이한 작용을 하는 정부기관에 의해서 장래의 활동지침을 결정하는 것으로 정의하기도 한다.4) 결국 정책결정이란, 정부기관이 장래의 주요 행동지침인 정책을 매우 복잡한 동태적 과정을 거쳐 결정하는 것이며, 공익실현을 위한 최선의 정책대안·행동방안을 선택하는 것이다. 그동안, 여러 이론들과 논자들을 통해 정책의 합리성이 논의되어 왔는데, 합리적 정책결정에서 '합리적'이란 주어진 상황에서 얻을 수 있는 모든 정보를 최대한 활용하여 최선의 결정에 이르고자 하는 노력을 말한다.

합리적 정책결정은 이상 시 될 수 있으나, 실제 이룰 수 있는 것인가에 대하여 회의가 있어 왔으며,5) 점증 주의 모델과 같이 합리

---

4) Steinmo, Sven "Political Institutions and Tax Policy in the United States. Sweden, and Britain, in Skopol, Theda ed. American Society and Politics. McGraw Hill 1995

적 정책 결정을 대체하는 이론들이 나타나기도 하였다.6) 그러나, 현실에서는 합리적 정책 결정의 영역이 엄연히 존재하며, 따라서, 정책에 합리성을 향상시켜야 하는 부분에서는 지속적으로 합리적 정책 결정 모형이 사용되게 된다. 여러 계량 모델을 활용하는 이론들이 그 예가 된다.

정책결정의 특징

정책결정의 특징에는 다음과 같은 것들을 들 수 있다.

(1) 다양한 이해관계자

각 사회에는 이익을 추구하는 여러 개인이나 집단이 있으며, 이들은 각자의 다양한 방법과 수단을 통해서 정책결정을 통해 자신들의 이익 및 주장을 관철시키려고 노력한다. 정책결정은 이러한 사회 내의 이해관계가 반영되는 통로이자 장이다.7)

(2) 정책의제 설정 단계의 중요성

앞에서 살펴본 바와 같이, 수많은 사회 문제중 어떤 것을 정책 문제화되고, 반면 어떤것은 그렇지 못하게 된다. 문제는 한번 정책

5) Yehezkel Dror, Public Policymaking Reexamined New York Routledge 1983
6) Charles E. Lindblom.., The Intelligence of Democracy: Decision Making Through Mutual Adjustment. New York: The Free Press, 1965
7) Steinmo, Sven et. al. eds., Structuring Politics, Cambridge University Press. 1992.

의제에 오른 이익이나 주장은 상당기간 정책의 내용으로서 추진되며, 그 여파는 사회 전반에 미치게 되기 때문에 정책의제의 설정이 어떻게 이루어지는가는 매우 중요한 관심사라 할 수 있다.

(3) 의사결정의 일종

정책결정론은 대부분 의사결정이론의 일부분이다. 즉, 의사결정이란 개인과 공동체가 개인적인 문제뿐아니라 공동체 전체와 관련된 문제에 대해 내리는 결정을 의미한다. 의사 결정의 이론 중에는 개인의 심리 상태를 설명하는 미시적 이론 틀이 있으며, 이 경우에는 공동체의 정책 결정에 관련성이 없을 것으로 보이기 쉬우나, 공동체 수준의 정책 결정에서도 정책 결정자의 심리 상태를 설명하는데는 미시적인 이론이 여전히 활용도를 갖고 있는 것이다.

(4) 행동지향성과 미래 지향성

정책결정은 사회적인 문제 중에서 정책 의제로 채택된 문제를 해결하는 면에서 행동 지향적이라고 볼 수 있다. 또한 결정된 정책은 그 정책 효과가 상당 기간에 걸쳐 나타나므로 미래 지향적이라고도 볼 수 있다. 정책의 이론과 정책 내용에 대한 분석은 사회과학이 추구하는 방법론에 따라 과거의 자료를 바탕으로 이루어질 수밖에 없으나, 그 분석 내용에 따라 정책을 추진하는데 있어서는 그 시점이 미래지향적으로 설정되게 된다.

2. 정책결정의 주요 모형들

1) 합리모형

(1) 합리 모형의 개념과 기본 전제

합리 모형(rational model)은 인간이 합리적이라는 가정에 근거하여 정책대안을 찾아 결정하는 모형을 말한다. 합리 모형에서는 정책결정자가 문제를 완전히 이해하고 모든 대안을 파악할 수 있으며, 대안 선택의 기준이 명백하고, 합리적으로 최선의 대안을 선택할 것을 전제로 하고 있다. 이러한 관점에서 합리 모형은 이상적·규범적 접근 방법을 의미하는 것으로 이해되고 있다.

(2) 합리모형의 내용

합리 모형은 경제학의 이론들과 관리과학에서의 여러 가지 모형들로 지칭될 수 있으며, 체스놀이와 같은 의사 결정 상황에 대한 분석모형, 독점기업의 생산량 조절이론과 같은 게임 이론, 관리과학 기반의 통계적 결정이론을 포함하는 다양한 계량적인 정책분석 기법을 포함하나, 모든 계량적 정책결정 방법이 합리모형으로 구분될 수 있는 것은 아니다.

합리모형의 내용을 살펴보면 다음과 같다.

① 정책결정자는 문제에 대한 완전한 정보를 가지고 상호 비교할 수 있다. ② 정책결정자가 추구하는 선호(preference)와 가치들은 중요도에 따라 서열화 될 수 있다. ③ 문제해결을 위한 모든

대안이 탐색될 수 있다. ④ 각 대안의 모든 비용과 편익이 계산될 수 있다. ⑤ 각 대안의 결과들이 비교될 수 있다. ⑥ 목표나 선호를 극대화하는 대안을 선택한다.

(3) 합리모형에 대한 평가 및 한계점 1

합리모형은 앨리슨 모형에선 Model Ⅰ에 해당하는 것으로, 규범적 모형으로서, 선택된 대안에 대한 객관적 평가를 통한 보다 나은 정책 결정의 기여하는 긍정적인 면을 갖고 있다. 반면, 합리모형은 다음과 같은 비판을 받고 있다.

① 실제 상황에서 의사결정이 이루어질 때는, 합리모형에서 주장하는 합리적·분석적 결정이 아니라 만족화 수준에서 결정이 이루어지게 된다. ② 합리모형은 모든 대안을 탐색하고, 대안에 대한 모두의 결과를 예측할 것을 요구함으로써 엄청난 분석비용과 시간이 낭비되며, 인간인 정책결정자의 능력 범위 밖의 상황을 제시한다. ③ 합리모형에서 상정하는 선호의 서열화는 이루어지기 어렵다. ④ 합리모형에서 염두에 두고 있는 것보다 현실의 상황은 더욱 복잡하다.

이상의 비판점들이 제기되고 있으나, 합리모형은 O.R., 비용 편익 분석, 시뮬레이션, 대기 행렬 이론 등을 통하여 정책 결정의 합리성을 제고하는데 큰 도움을 줄 수 있다.

(4) 합리모형에 대한 평가 및 한계점 2

합리 모형에 대해서 행정학이나 정책학 개론의 수업을 통해 학습한 이후, 심화된 전공과목에서와 사회 진출한 이후의 실무에서 합리모형을 이해하는 관점 간에 큰 격차가 존재한다. 즉, 합리모형은 교과서의 이론 내용에서 한번 배우고 박제된 이론으로만 존재해 온 것이란 점이다. 그러나, 우리가 실무에서 공공 민간 부문 모두에서 계량 모델링의 예와 과학기술정책론에서의 예, 그리고 전자 정부론에서의 인공 지능 활용 예를 통해 합리모형은 살아 있다는 접점을 찾아본다.

합리모형의 활용 예 1: 미국의 우주 정책에서 나타난 합리모형의 흔적

많은 사람들이 이제는 인터넷 등 다양한 출처로부터 확인할 수 있듯이 미국의 우주 정책의 가장 대표적인 정책은 아폴로 우주 계획이었다. 물론 1950년대에도 우주 개발의 노력은 진행되었지만, 소련의 우주 비행사 가가린의 우주 비행으로 대표되는 소련의 우주 개발 성공으로 본격적인 달 탐험에 대한 투자가 이루어지는데, 1960년대의 미국의 우주 정책이 만개할 수 있었던 배경은 첫째 과학과 과학자들에 대한 사회적 신뢰가 있었다. 이는 과학에 대한 예산 투입이 결과로 이어진다는 대중과 사회 전반의 신뢰로 표현할 수 있다. 둘째, 충분한 재정적 여유가 있었고, 셋째, 위 둘을 바탕으로 하여 합리 모형으로 지칭될 수 있는 정책 결정 모형의 구조에 부합하는 정책 추진이 이루어졌다.

합리 모형의 배경이란, 1) 당시 케네디 대통령에 의해 대통령이 부여하는 정책의제가 TOP DOWN 방식으로 부여되었고, 2) 외부의 이벤트(사건)에 의해 무엇을 해야 하는지가 명확히 주어졌고, 3) 당시의 충분한 재정적 여건이 허락될 수 있었고, 4) 충분한 과학자와 NASA를 비롯한 추진 기관들이 존재하였다. 즉 명확한 목표, 수단과 목적에 대한 인과 관계의 확보, 충분한 재원 등 합리모형으로 이해되던 여건들이 충족된 상황이었다.

사실 여기에 보다 현실적인 정책 결정 모형의 상황으로 추가될 수 있는 점들은 NASA와 미국 국방부, 미국의 군수 산업체와 여기에 연계된 하청 업체들, 연구소들이 존재하고, 특히 NASA와 미국 국방부 간의 연합 세력(Coalition)화는 정책 결정을 네트워크로 또는 철의 삼각형(iron triangle)[8])으로 이해하는 이론가들에게 충분한 사례가 될 수 있다.[9])

변화의 맥락: 합리모형에서 점증 모형으로

점증 모형의 섹션에서 상세하겠지만, 위에서 언급한 합리모형으로서의 미국의 우주 정책, 특히 아폴로 사업은 1969년 7월 아폴로의 달 착륙으로 성공적으로 완수되었다. 그런데, 바로 이 성공의 맥락이 우주 정책의 합리모형으로의 존속을 위협하는 요인이 되고 만다. NASA는 이미 1960년대 후반부터 아폴로 시대 이후의 우주 왕복선 사업을 기획하고 있었는데, 미국 대통령실 산하의 OMB(Office of Management of Budget)는 우주 왕복선 계획이 향후에 비용 효과적

---

8) Gordon Adams., The Iron Triangle. Transaction Publishers. 1981
9) Bosso, C.J., Kay, W.D.. Advocacy Coalitions and Space Policy. In: Sadeh, E. (eds) Space Politics and Policy. Space Regulations Library Series, vol 2. Springer, Dordrecht. 2004

(Cost Effective)일 것이라는 NASA의 주장에 회의를 표하였고, 이에 대하여 NASA는 흔히 지지 세력으로 불리는 Advocacy Coliation을 구성하여 자신들의 입장을 대변하고자 하였다. 즉 위에서 언급된 합리모형을 위한 가정들은 아폴로의 성공으로 변화기를 맞게 된 것이었다.

합리모형의 활용 예 2: 관리 과학(Management Sciences)

2차 대전 이후, 대학의 경영학과, 산업공학과, 행정학과에서 가르치고 있는 관리 분석은 다음의 특징을 지닌다. 10)

1. 관리과학은 계량적 기법에 치중하나, 체제적 관점을 완전히 무시하는 것은 아니고,
2. 관리과학은 이론적 지향성을 지니기는 하지만, 기본적으로 규범적 성격을 지니며, 계량적인 분석에 입각하여 분석자의 가치 판단에 따라 처방을 제시한다.
3. 관리과학은 개방 모형(open model)이 아니라, 폐쇄 모형(closed model)에 입각하여 최적의 대안을 찾으며,
4. 관리과학은 수학적 모형을 설정하여 변수들의 상호관계와 목표를 규정하고, 불확실성을 포함한 제약 요인들을 제시한다.
5. 관리과학의 모형은 현실세계의 어떤 측면에 대한 단순화된 표현이며, 현실의 복잡다기한 정보를 관리분석자가 처리할 수 있는 크기와 수준으로 의도적으로 축소시킨 것이다.

---

10) B. P. S. Murthi, Sumit Sarkar., "The Role of the Management Sciences in Research on Personalization", Management Science Vol. 49, No. 10. Oct. 2003

위의 특징을 갖는 관리과학 모형은 합리모형의 원리들을 보다 엄격하게 모델링의 관점에서 적용한 것으로 볼 수 있다. 이렇다 보니, 당연히도 관리 과학모델은 정책과정이 이루어지는 제도적 맥락에 대한 상대적 소홀할 수 있고, 연합세력 형성(coaliation building)이나 합의유지(consensus building and maintenance) 등의 정치적 요소에 둔감하고, ideology, 카리스마, 도전성 등 비합리적 요소를 포함키 어렵고, 관리과학은 계량적으로 다루기 쉬운 범위 내에서만 대안을 탐색케 되며, 새로운 대안을 찾기는 어려우며, 결과적으로 복잡한 사회 문제나 가치의 문제에 대한 분석이 어려워, 정책 결정체제의 상위 정책(metapolicy)[11]을 등한히 여길 가능성이 큰 취약성을 지닌다. 하지만, 이러한 단점들은 그만큼 관리 과학 모형들이 합리모형의 원칙에 충실했다는 점을 시사해 주는 점으로 조명될 수 있다.

합리모형의 활용 예 3: 비용 편익 분석

조금 더 합리모형의 영역을 확대하여 적용한다면, 비용 편익 분석도 효율성이 높은 대안을 모색하는 데에 활용되는 한에서 합리모형의 구현 양태로 평가 해 볼 수 있다. 비용 편익 분석은 정부의 개별사업이나, 개별 사업을 묶은 프로그램이나 정책을 평가하는 경제적 분석의 하나로서, 기업의 재무적 분석과 달리 사회적 또는 국민경제적 관점에서의 비용편익 분석을 공공 부문에서 활용되는데, 공공사업에서 추진하고 운영하는 과정에서 발생할 것으로 기

---

11) Y Dror., "Some features of a meta-model for policy studies", Policy Studies Journal, 1975

대되는 모든 비용과 편익을 장기적 시각에서 종합적으로 평가하는, 현실적 측면을 고려한 실무적 분석방법이며 실증적인 방법이라기보다는 규범적인 방법의 요소도 지니고 있다. 12)

Making sense of the trends in Science & Technology Policy

Flowering:
- Deference to scientists
- Rational policy making
- Adequate resources
- Faith in science

Big Science:
- Incremental policy making
- Interest group liberalism
- Conventional financing
- Inadequate resources
- Distrust of science

Innovation:
-- End to "big government"
-- Skeptical of "big science"
-- Reliance on markets

Policy Approaches Rational Model vs. Incemental Model

Rational approach:
- Produces science policies that work.
- Provides for a separation of policy-making and administration.
  - Generates much higher levels of technical discretion ("everyone a shuttle designer").

Incremental approach:
- Bias is omnipresent (facts cannot be separated from values).
- Public officials do not have the information, time, or authority to use the rational method.
- Leads to a myth of presidential leadership.
  - The idea that the president can and will protect the program once approved.

(그림 1) 합리모형과 점증 모형의 과학기술 분야 적용

---

12) E.J. Mishan, Euston Quah., Cost-Benefit Analysis London Routledge 2020

2) 만족모형

(1) 만족모형의 개념

만족모형(Satisficing model)은 March와 Simon(1958), Cyert와 March(1963)의 글들을 통해 발표된 것으로, 인간이 갖는 합리성은 경제학에서 말하는 완전한 합리성이 아니라, 제한된 합리성이며, 이에 기반하여 현실적으로 만족할 만한 대안의 선택을 설명하는 이론이다.13) 인간의 제약된 합리성(bounded rationality)가 주요한 개념이다.14)

(2) 만족모형의 내용

합리모형과 비교하여 만족모형은 다음의 내용과 특징을 갖는다.
① 만족모형은 실제 상황에서 의사결정자는 모든 대안을 탐색하는 것이 아니라 몇 개의 대안만을 고려하여 순차적(sequential)으로 탐색한다.15) ②불확실성이나 불충분한 정보·자료로 인한 인지능력상의 제약 때문에 처해 있는 상황을 단순화시키고 의사결정자가 선별적으로 인식하여 대안의 결과를 예측한다. ③ 의사결정자

---

13) RM Cyert, JG March., A behavioral theory of the firm Englewood Cliffs, NJ, 1963
14) March, James G. and Johan P. Olsen(1995). Rediscovering Institutions: The Organizational Basis of Politics. Free Press. London and New York. March, J.G. and Herbert Simon(1958). Organizations. NewYork Wiley.
15) March, James G. "Bounded rationality, ambiguity, and the engineering of choice." The bell journal of economics (1978): 587-608.

는 탐색되어 결과를 예측해 볼 수 있는 몇 개의 대안만으로 범위를 축소하여 서로 비교·평가한다. ④ 목표달성의 극대화를 도모하여 최적대안을 선택하는 것이 아니라 만족할만한 대안을 선택하고자 한다. ⑤ 의사 결정 상황에서 정책 결정자들은 다양한 레퍼토리와 프로그램을 가지고 일상화된 정책 상황에 대처하며, 불확실성에 대하여 불확실성의 회피(Uncertainty aviodance) 라는 방법을 통해 대응한다.16)

(3) 만족모형에 대한 평가 및 한계점

만족모형은 의사 결정 상황의 현실성을 잘 반영했다는 점에서 호응을 받아 왔다.그러나, 이러한 만족모형의 장점에도 불구하고 몇 가지 면에서 단점으로 지적받고 있다.

① 만족모형에서는 만족 수준이라는 것이 가장 핵심적인 내용인데, 과연 무엇이 만족 수준을 결정하는가 내 대선 설명이 부족한 편이다.17) ② 만족모형은 대안을 선택결정하는 데 있어 주관적인 판단에 의해서 결정되기가 쉽다. ③ 최선의 대안이 아닌 만족할 만한 대안을 찾은 후에는 대안 탐색을 중단하기 때문에 훨씬 더 좋은 대안이 존재하는 경우 이것을 포기하게 되는데, 이 경우, 도덕적해이(moral hazard)현상을 일으킬 가능성도 있다. ④ 만족모형

---

16) March, J.G.(1994). A Primer on Decision Making: How Decision Happen. New York: The Free Press.
   March, J.G. and Herbert Simon(1958). Organizations. NewYork Wiley.
17) Dror, 1968 : 148 ; 박성복·이종렬 공저, 2000 : 268, 재인용

에서는 혁신적인 대안보다 지금 현재의 대안과 유사한 대안이 선택될 가능성이 더 크다.

(4) 만족모형에 대한 평가 2

카네만과 그의 후학들에 의한 인지 심리학의 진전은 만족 모형이후의 내용들에 대한 추가적인 갱신의 기회를 부여 해 주고 있다.[18]

3) 점증모형

(1) 점증모형의 개념

점증주의(incrementalism)는 Lindblom(1959, 1979)[19]과 Wildavsky(1964)[20]에 의해서 주장된 이론으로서 합리모형에 대비하여, 정책의 실현성을 중시하는 이론이라 할 수 있다. Simon 류의 만족모형이 인간의 의사결정과정에 초점을 둔 이론이라고 말할 있다면, 점증주의 모형은 정치체제 수준에서 정책결정자에 주로 초점을 맞춘 이론이라 할 수 있다.

---

18) Daniel Kahneman, Thinking Fast and Slow. Kahneman, Daniel. Thinking, fast and slow. macmillan, 2011.
19) Yehezkel Dror., Muddling Through-"Science" or Inertia? Public Administration Review Vol. 24, No. 3 (Sep., 1964), pp. 153-157 Charles E. Lindblom., "Still Muddling, Not Yet Through", Public Administration Review Vol. 39, No. 6 (Nov. - Dec., 1979), pp. 517-526
20) Aaron B Wildavsky, Politics of the budgetary process. Little, Brown 1964.

(2) 점증모형의 내용과 특징

Lindblom(1959)의 점증모형은 다음의 몇 가지로 요약해 볼 수 있다.[21]

① 목표 또는 가치를 선택하는 일과 목표 달성을 위한 행동을 분석하는 일은 양자를 구분하기가 어렵다. ② 목표는 대안이 선택됨으로써 명확해진다. ③ 목표-수단은 끊임없이 재조정된다. ④ 인간의 능력과 한계가 있으며 정보도 제한되어 있기 때문에 고려할 수 있는 대안의 범위는 축소된다. ⑤ 기존의 정책과 차이가 적은 정책대안들만 선별하여 비교하는 방법이 활용된다. ⑥ 문제해결을 위한 유일한 해결책은 없다. ⑦문제 해결에 있어 점진적인 변동을 연속적으로 추진하며, 정책은 현재의 사회병리에 대한 개선에 더 중점을 둔다.

(3) 점증모형에 대한 평가 및 한계점

점증모형이 일반적으로 현실의 결정 상황에 적용 가능성이 매우 높다고 하지만, 다음과 같은 조건이 충족되어야 한다는 단점 혹은 비판이 있다.

① 점증주의 모형은 반-쇄신성(anti-innovation)이라는 비판점에 직면해 왔다. 즉, 점증 모형이 정책 결정의 현실성을 반영한 것은 인정하더라도 점증 모형에서 채택된 대안들이 지나치게 기존 대안들의 틀 속에 있다는 것이다. 즉, 보수적 성향을 지니고 있

---

[21] Charles E. Lindblom, "The Science of Muddling Through", Public Administratio Review Vol. 9. (Spring) 1959.

다22). ② 점증주의자들은 부분의 최적을 합하면 전체도 최적이 된다고 하지만 이 주장의 현실성도 의문시될 수 있다. ③ 정책의제 설정에서 배제된 그룹의 의견이 계속 무시될 수 있다. ④ 합리성에 대한 과소평가이다.

(4) 점증모형에 대한 평가 2: 미국 우주 정책의 변화 (합리모형에서 점증 모형으로)

앞 부분의 합리 모형 섹션에서 제시했듯이 NASA와 미국 OMB 간에는 우주 왕복선의 효용성, 즉 예산 관점에서의 비용 효과성에 대한 이견이 있었다. NASA측의 연합세력에는 과학자들, 군 관계자들, 대규모 기업들인 항공 우주 산업체들, NASA를 지지하는 의원들, 역대 대통령 과학 보좌관들이 포함되었다. 이렇게 우주 왕복선 정책이 합리모형으로부터 이탈되려는 조짐을 사후적으로 평가할 수 있는 것은 우주 왕복선 개념자체가 복수로 존재하였고, 이는 다양한 이해 당사자들의 요구도가 상이했던 면을 반영하는 것으로 이해할 수 있다. 즉, 점증주의 모형의 대표적인 특징 중 하나인 다양한 이해관계의 존재와 이를 정책 결정자가 절충하게 되는 모습이 나타난 것이다.

미국의 우주 정책이 점증주의로 방점을 찍게 되는 양상을 가장 단적으로 나타내 주는 장면은 당시 리차드 닉슨 미국 대통령이 1970년에 언급한 내용에 나타난다.23)

---

22) Etzioni, 1968: 273
23) Angelina L Callahan., Satellite meteorology in the cold war era: scientific coalitions and international leadership 1946-1964

"We must think of (space activities) as a part of a continuing process,... and not as a series of separate leaps, each requiring a massive concetration of energy. Space expenditures must take their proper place within a rigourous system of national priorities."[24]

위 내용을 살펴보면, 우주개발 투자는 계속 지속되는 과정이며, 막대한 에너지(자원)가 요구되는 구분되는 대도약의 연속이 아니라고 언급하고 있다. 단계마다 대규모 투자가 수반되는 것은 합리 모형 하의 우주 개발의 모습이고, 어디로 가는지에 대한 정답을 안다는 합리적 전제 하에 대규모 투자를 한다는 것인데, 이에 대한 반론인 것이다.

또한 닉슨 대통령은 "우주 개발 지출은 국가의 (재정적) 우선순위에 대한 엄격한 체제 하에서 (자신의) 적절한 입지를 취해야 한다"라고 제시하였는데, 이는 예산의 정치를 말하는 점증주의적 예산 배분으로 추진하겠다는 의미로 이해된다. 즉 정책 환경이 변화된 것이다.

Georgia Institute of Technology, Dissertation 2013

[24] Howard E. McCurdy., The Space Station Decision: Incremental Politics and Technological Choice Johns Hopkins University Press. 2008

4) 혼합주사 모형

(1) 혼합주사 모형의 개념

혼합주사 모형(mixed scanning model)은 A. Etzioni에 의해 주장된 것으로, 합리모형과 점증모형을 혼합·절충한 제3의 모형이다.[25] 즉, 합리모형의 이상주의적 성격을 지양하고, 점증모형의 보수성(반-혁신성)을 탈피하기 위하여 이 양자를 합한 것이다.

(2) 혼합주사 모형의 내용과 특징

Etzioni는 합리모형과 점증모형 양 이론에 대해 비판을 하고 나서 하나의 적극적인 의사결정 접근방법으로서 혼합주사 모형을 제시하였는데, 그 특징은 다음과 같다.

① 대안의 선택 : 먼저 대안들 중에서 적실한 대안들의 목록을 작성한다. 검토 과정을 거듭하여 하나의 대안만 남게 하거나, 어느 것을 택해도 되는 단계에까지 이르게 한다.

② 집행 과정의 세분화 : 채택된 대안을 집행할 때는 집행 과정을 여러 단계로 구분하되, 비용이 더 많이 들거나, 지속적인 영향을 미치는 집행 단계는 과정상 뒤에 배열한다.

③ 집행 과정에서의 탐색 : 집행의 매 단계마다 비교적 포괄적인 탐색을 계속하고, 또한 몇 단계 지날 때마다 종합적인 탐색을 한다.

---

25) Etzioni, Amitai. "Mixed-scanning: A" third" approach to decision-making." Public administration review (1967): 385-392.

④ 자원 할당 계획 : 여러 수준의 탐색을 위해 시간과 자원을 각
   각 얼마만큼 할당할 것인가에 관한 규칙을 세워 놓아야 한다.

(3) 혼합주사 모형에 대한 평가 및 비판

Etzioni에 따르면 합리모형은 결정권한이 집중되어 있고 통제·
계획지향적인 사회체제에 적합하며, 점증모형은 다원적이고 합의
중심적인 사회에 적합한 모형이라고 하면서, 혼합주사 모형은 행
동적 사회(active society)[26]에 적합한 전략이라 주장하였으나,
Etzioni의 혼합주사 모형은 , 두 개의 대립되는 극단의 모형을 절
충혼합한 것에 불과하다는 면에서 비판을 받고 있다. 이는 현실적
으로 어디에서 합리적인 접근방법을, 그리고 점증적인 방법을 각
각 사용해야 할 것인가에 대해서 명확한 입장을 제시하지 못했기
때문이다[27].

5) 최적 모형

(1) 최적 모형의 개념

최적 모형(optimal model)은 Y. Dror가 주장한 이론으로서,
그 주요 특징을 몇 가지로 요약해 볼 수 있다. 첫째, 양이 아니라

---

[26] Etzioni가 말하는 행동적 사회란 자신이 책임을 지는 사회를 의미한다.
(Etzioni, 1968) Etzioni, Amitai. "Humble decision making."
Harvard Business Review on Decision Making,(Harvard Business
School Press: Boston, MA, 2001) (2001): 45-57.
[27] Ham & Hill, 1984: 87~88

질적 요소를 고려하며, 둘째, 합리적 요소와 초 합리적 요소를 동시에 고려하고, 셋째, 경제적 합리성이 가장 기본적인 합리성을 구성한다고 보았으며, 넷째, 상위 정책결정을 중요시하고, 환류 작용을 중요시하였다.[28]

(2) 최적 모형의 내용과 특징

최적 모형의 특징을 살펴보면 아래와 같다.[29]

① 가치, 목표 및 결정 기준이 어느 정도 명확히 규정되어야 하며, ② 비교 검토를 통하여 새로운 대안을 탐색하거나 혁신적 대안을 마련해야 한다는 것이다. ③ 여러 가지 대안이 가져올 비용을 사전에 평가하여, 만일 위험 최소화 전략이 바람직한 것이라면 연속적이고 점증모형에 입각하여 정책결정을 하고, 쇄신전략이 결정되었다면 기대되는 결과를 달성할 수 있는 방안이 모색되어야 한다. ④ 여러 분석가들의 합의에 의한 바람직한 정책을 검증하며, ⑤이론과 경험, 합리성과 초합리성을 모두 고려해야 한다. ⑥정책결정의 질을 높이기 위해서는 경험에 의한 체계적 학습, 창조성의 고취, 인력 개발, 지적 활동의 장려 등이 이루어져야 한다고 보았다.[30]

---

28) Dror, 1968: 154;
29) Dror, 1971: 262;
30) Dror, Yehezkel. Public policymaking: reexamined. Routledge, 2017.

(3) 최적 모형에 대한 평가 및 비판

Dror의 모형의 특징점들은 이 모형의 한계점들과 연결되어 있다. ① 첫째, 최적 모형에서 주장하고 있는 초합리성이라는 것이 어떤 것인지 명확하게 제시하지 못하고 있다.[31] ② 초합리성과 합리성과의 관계도 모호하게 이론이 구성되어 있으며, ③ 정책결정에서 사회적 과정에 대한 고찰이 미흡한 것으로 평가되고 있다.

6) 관료정치 모형(Allison 모형)

(1) 관료정치 모형의 개념

하바드 대학의 케네디 정책대학원 원장을 역임한 Graham T. Allison은 쿠바 미사일 사건과 관련된 미국의 외교정책과정을 분석하여, 미국의 외교정책을 대상으로 하여 정부의 정책결정 과정을 다음의 세 가지의 모형으로 제시하고 있다.

① 합리모형(Rational Actor Model : 모형 I)은 정부를 잘 조정된 유기체로 가정하고, ② 조직모형(Organizational Process Model: 모형 II)은 정부를 느슨하게 묶어진 반독립적인 하위조직들의 결합체로 보는 것이고, ③ 정치모형(Bureaucratic Politics Model: 모형 III)은 상호 독립적인 정치행위자들의 집합체로 가정하고 있다.

---

[31] Dror, 1971

(2) 관료정치 모형(Allison 모형)의 특성과 내용합리모형(model Ⅰ)

엘리슨의 모형 I은 앞에서 살펴본 합리모형의 논리를 국가 정책 결정에 적용하여 최선의 대안을 선택하는 합리적 결정을 설명하고 있다. 정부는 일관된 목표를 가지며, 조직 구성원들은 이 목표를 서로 공유하며 합리적 결정을 위해 노력하게 된다. 따라서 정책 결정 상황을 설명함에 있어 개인적인 요소는 작용의 여지가 없다. 이러한 정책 결정 유형은 외교, 국방정책의 결정 과정을 설명하는 데에 유용성이 있다.[32]

조직모형(model Ⅱ)

정부는 하위조직들의 집합체이며 이들 하부조직의 표준운영절차(Standard Operating Procedure)에 의해서 국가 정책이 결정된다. 정책은 전문성을 가지고 있는 하위조직들의 내부 절차에 의해 결정된다. 정책결정의 참여자들은 국가적 목표보다는 자신이 속해 있는 하위조직의 목표를 우선시하며, 서로 다른 목표를 가진 하위조직들이 문제 해결을 둘러싸고 발생하는 갈등이 완전 해결되기보다 준 해결(quasi-resolution)의 방법으로 해소되는 상태를 보이게 된다.

정치모형(modelⅢ)

국가정책의 결정 주체는 단일주체로서의 정부(합리모형)나 하위

---

[32] Allison, Graham. T. Essence of Decision, Pearson Publication Inc. Subsequent edition 1999., 1971

조직으로서의 부처들의 연합체(조직모형)가 아니며, 다원화된 개인 참여자들이라고 보는 모형이다. 이러한 정책 결정 참여자들이 자신의 목표를 우선적으로 추구하는 과정에서 전체 조직의 목표와 하위조직의 목표가 혼재하여 전통적 관점에서 볼 때는 정책결정의 일관성이 약한 것으로 보인다.

(3) Allison 모형에 대한 평가 및 비판

Allison의 정책형성에 관한 세 가지 모형은 그의 이론이 나오기 전까지의 여러 모형들 중 합리모형과 조직모형을 모형 1과 2로 활용하고, 그의 모형인 제3의 관료 정치모형을 추가한 것으로 엘리슨 모형이 등장 한 이래로 여러 번의 위기 때마다, 대중들에게 준거 모델로 언급되어 온 이론이다. 실제 방송에 저자인 엘리슨 교수가 걸프전(1991) 개전 초기와 이라크 전(2003), 쿠바 미사일 위기에 대한 내용으로 직접 출연하여 본 이론에 근거한 인터뷰를 진행하기도 하였다.[33]

(4) Allison 모형에 대한 평가 2:

앨리슨 모형에 대한 평가는 시간의 흐름 속에서 지속적으로 인용된다는 데에서 효용성이 입증되고 있다고 볼 수 있다. 저자의 Essence of Decision은 개정판으로 나오면서 보조 자료들을 추가하여 훨씬 두꺼운 책으로 변화되고, 엘리슨 모형이 다루는 세 모형

---

[33] Graham Allison on Cuban Missile Crisis
https://www.youtube.com/watch?v=nMl_HnV_KWM

이 설명하고 있는 배경 상황에 대한 자세한 제시를 하고 있다. 또 다른 추가적 평가점은 앨리슨 모형에서 활용하고 있는 제2 모형이 기반하고 있는 회사 모형이 인지 심리학자이자 경제학에 큰 영향을 주고 있는 대니얼 카네만과 그의 학파의 연구가 진전되면서 보다 풍부한 맥락을 제공해 주게 된 점이다. 이점은 앨리슨 모형과 회사 모형이 갖는 효용성을 증가시키는 요소로 작용하고 있다.

7) 회사모형

(1) 회사모형의 개념

연합모형(coalition model)이라고도 불리는 회사 모형은 개인 수준의 의사결정과정을 보여준 '만족모형'을 응용하여 조직의 의사결정에 적용시켰다. 고전파 경제학에서는 기업이 합리모형에 따라 의사결정을 하는 것을 전제로 하고 있는데, 회사모형은 이에 대한 비판에서 출발하였다.

(2) 회사모형의 내용

회사모형의 주요한 구성 요소이자 개념은 다음과 같이 ① 갈등의 준 해결 상태 ② 불확실성의 회피 ③ 문제 중심의 탐색 ④ 조직의 학습 ⑤ 표준운영절차 등으로 제시할 수 있다[34].

가. 갈등의 준해결(Quasi-resolution of conflict) 상태

---

[34] Cyert & March, 1963.

조직 내의 불완전한 갈등 해결 방안들은 ① 국지적 합리성의 추구 ② 조직의 여유자원 활용 ③ 목표에 대한 순차적 관심의 3가지가 있다. 국지적 합리성이란, 조직 전체차원에서의 합리성이 아니라, 문제 해결에 관련된 부분적인 합리성의 추구를 조직의 하부에서 이루는 것을 말하며, 목표에 대한 관심은 조직의 가용한 자원과 관심을 우선순위가 높은 요소에 먼저 집중하여 문제를 해결하고, 순차적으로 다른 부분에 관심과 자원을 투입하는 것을 말한다.

나. 문제 중심의 탐색

문제가 발생된 후에 비로소 문제를 탐색을 시작하고 그 문제를 해결하기 위한 대안을 탐색하게 되는데, 탐색조차도 완벽하게 이루어지는 것이 아니라 만족할 만한 수준에서 이루어진다.

다. 불확실성의 회피

불확실성의 회피란, 조직이 미래에 일어날 사건들의 확률을 예측하여 불확실성에 대응하기보다는 불확실성 자체를 피하려고 하는 것으로 이를 위해서는 장기 전략보다는, 즉각 환류가 이루어질 수 있는 단기 계획을 작성하거나, 현안 문제 해결에 주력하고, 환경과의 장기 계약이나 타협을 통해서 주위 환경이 자기의 활동에 적합하도록 환경을 통제하기도 한다. 셋째, 예측 불과한 상황에 대비하여 시나리오를 만들어 놓기도 한다.

라. 조직의 학습

사람과 마찬가지로 조직도 동태적인 과정 속에서 학습을 하게 되는데, 이에 따라서 환경에 적응하여 목표와 관심의 대상을 변화

혹은 변동시키며(adaptation of goals), 조직 내의 자원 및 관심의 배분의 규칙(adaptation in attention rules)을 수정할 수도 있다. 또한, 탐색 절차의 수정(adaptation in search rules)도 이루어지게 된다.[35]

마.표준 운영 절차

표준운영절차(Standard Operating Procedure: SOP)는 조직이 존속해 오는 동안 경험적으로 습득하게 된 행동 규칙을 말하는데, 이는 규칙적이고 조화된 행동을 가능하게 하는 반면, 때로는 조직의 행태를 지나치게 형식화할 수도 있다.[36]

(3) 회사모형에 대한 평가 및 한계점

회사모형은 조직 내 하위조직들 사이의 상이한 목표로 인한 갈등이 협상을 통해 준해결 상태로 해결된다는 점과 표준운영 절차의 중요성을 강조한 점 등은 기여점이라 볼 수 있다. 그러나, 표준 운영 절차에 입각한 결정 방식은 안정된 상황을 전제하고 있어 현상 유지적이고 보수적이라는 점을 피할 수 없다. 또한, 이 모형은 권한의 하위조직 위임이라는 민주적, 분권적 조직관에 입각하고 있기 때문에 권위주의적 조직에는 적용하기 어렵다는 한계를 갖고 있다.

---

[35] Levinthal, Daniel A., and James G. March. "The myopia of learning." Strategic management journal 14.S2 (1993): 95-112.

[36] March, James G. "Bounded rationality, ambiguity, and the engineering of choice." The bell journal of economics (1978): 587-608.

(4) 회사모형에 대한 평가 및 한계점 2

회사 모형은 한글로 전달된 이름 명으로 인해 이론 내용과 제목 간의 괴리를 안고 있었으나, 앨리슨 모형의 경우처럼, 지속적으로 효용도가 인정되고 있으며, 카네만과 그의 후학들의 인지 심리학이 주류 경제학 분야에서 노벨 경제학상을 두 명이나 배출함에 따라[37], 회사모형이 갖는 조직 및 정책학 분야에서의 준거 이론으로서의 입지가 강화되었다고 볼 수 있다.

8) 쓰레기통 모형

(1) 쓰레기통 모형의 개념

쓰레기통 모형(garbage can model)은 '조직화된 무정부 상태 (organized anarchies)'를 설명하는 이론 모형으로, 조직이나 집단의 구성단위나 구성원 사이의 응집성이 아주 약한 혼란 상태에서 이루어지는 의사결정의 측면을 설명하는 모형이다.[38] 쓰레기통 모형의 결론은 실제로 정책결정이 어떤 일정한 규칙에 따라 움직이는 것이 아니라는 것을 시사해 주고 있다.

---

[37] 카네만이 2002년에, 그리고 Richard H. Thaler가 2017년에 노벨 경제학상을 수상하여 행동경제학을 주류로 편입시켰다.

[38] Michael D. Cohen, James G. March and Johan P. Olsen, "A Garbage Can Model of Organizational Choice",Administrative Science Quarterly Vol. 17, No. 1 (Mar., 1972), pp. 1-25

(2) 쓰레기통 모형의 특성과 내용

가. 의사 결정의 4가지 요소

쓰레기통 모형은 설명의 전개에 있어 ① 선호의 불명확성 ② 기술의 불명확성 ③ 참여자의 일시성이라는 3가지 전제 조건을 필요로 하며, 의사결정을 설명하는데 다음의 4가지 요소를 활용하게 된다.

① 문제의 흐름 : 쓰레기통 모형에서 사회문제는 정책 의제화의 시기가 될 때 까지 의사결정의 기회를 만날 때까지 독자적으로 진행된다는 것이다.

② 해결책의 흐름 : 문제가 심각해지면 정책공동체에서 여러 가지 정책대안들이 제시되고 이에 대한 비교·평가가 이루어지며, 정책 결정의 기회가 올 때까지 해결책은 혼자 진행된다.

③ 참여자의 흐름: 참여자가 없으면 의사결정의 성립이 불가하게 된다.

④ 의사결정 기회의 흐름 : 정책 결정의 기회가 있어도 사회문제가 정책 의제화되지 않았거나, 해결책으로서의 정책대안이 마련되어 있지 않을 경우, 문제 해결을 위한 정책결정은 이루어 질 수 없다.[39]

나. 의사결정의 방식

이 모델에서 의사결정이 이루어지려면 다음의 세 가지 방법이 활용된다.

---

[39] March, James G., and Johan P. Olsen. Rediscovering institutions. Simon and Schuster, 2010.

① 간과(Oversight)는 빠뜨리고 인지하지 못하는 사이에 결정이 이루어지는 상황을 말한다.

② 문제의 해소(Problem Resolution)는 위의 네 흐름이 만나져서 문제가 일단 해소되는 것을 말한다. 여기서 문제 해결이라는 표현 대신 해소라는 용어를 사용한 점에 주목하게 되는데, 이는 일정 주기가 지난 후에 이 문제가 다시 부상할 수 있는 구조를 시사해 주는 것이다.

③ 탈피(choice by flight)는 지금 당면하고 있는 문제의 해결과 해소를 위한 접근 방식이 아닌 다른 기회가 만들어져서 기존의 문제가 새로 조성된 기회에 따라서 해결되는 것으로, 기존의 문제 해결을 위한 접근 방식으로부터 탈피되었음을 의미한다. 쓰레기통 모형의 저자들은 대부분이 의사결정이 간과나 탈피에 의해 이루어진다는 점을 제시하였는데, 조직의 의사결정의 현실을 보여준 점에서 의미가 크다고 할 수 있다.

(3) 쓰레기통 모형에 대한 평가

기존 이론들이 조직화된 무정부 상태를 단지 병리적인 현상으로 인식했으나 이 모형은 이를 조직적 혼란 상태의 결정 상황에 대한 체계적 분석을 시도하는 고유성을 갖고 있으나, 쓰레기통 모형이 초점을 두는 조직적 혼란 상태가 일반화될 수 있는 상황이냐에 대해 설명의 한계가 있다는 비판도 있다.[40]

---

[40] Kingdon의 의제 설정 모형(Agenda Setting Model)은 쓰레기통 모형의 흐름(streams)을 활용하여 이론을 구성한 것으로 저자도 인정한 이론 간 영향의 예이다. 쓰레기통 모형은 1973년, 킹던의 이론은 1984년에 발표 되었다.

9) 공공선택모형

(1) 공공선택 모형이 개념

공공선택 이론가들은 정치적·경제적 합리성에 관심을 갖고 공공선택모형(public choice model)을 비시장적(non-market) 분야에 경제학적 분석 방법을 적용함으로써 시민의 편익을 극대화할 수 있는 서비스의 공급과 생산이 공공 부문의 시장경제화를 통해 가능하다는 내용을 선보이고 있다.[41]

(2) 공공선택 모형의 내용

공공선택론의 주요 내용을 살펴보면 다음과 같다.[42]

① 공공선택이론은 정치 경제학적 성격 : 정책이 산출해 내는 공공재를 중시하며, 공공성에 민간 경제 논리를 적용하는 것을 반대한다.

② 정부 관료제에 대한 비판 : 관료제가 시민의 요구에 민감하지 못하며, 시민의 선택을 억제하는 '정부실패'의 원인이 되고 있다고 주장한다.

③ 정책의 확산 효과(spill-over effects) 강조 : 정책이 정치체제뿐만 아니라 사회의 제 부분에 미치는 정책의 확산 효과를 강조한다.

---

[41] Buchanan, James M., and Gordon Tullock. "What is public choice theory." Rationalizing capitalist democracy: The cold war origins of rational choice liberalism 133 (2003). chanan, James M., and Robert D. Tollison, eds. The Theory of public choice--II. University of Michigan Press, 1984.

[42] Buchanan, James M. "The public choice perspective." Journal of Public Finance and Public Choice 1.1 (1983): 7-15.

(3) 공공선택이론에 대한 평가 및 비판

공공 선택이론은 기존의 '비용–편익분석'에 추가하여, 경제 외적인 비용과 편익을 추가해 총체적인 비용과 편익을 비교한다. 이 이론은 관료제의 문제점을 극복하고 시민들의 다양한 요구와 선호에 민감하게 부응할 수 있는 제도적 장치의 마련과 민주행정 구현'에 관심을 갖고 있으나, 공공선택 모형은 규범성을 탈피하지 못하여, 현실에서의 정책 결정을 완전히 설명할 수 없고, 경제적 선택만을 중시하여 처방책의 현실 적합성도 낮다는 지적을 받고 있다.[43]

---

[43] Brown, Dorothy A. "The Invisibility Factor: The Limits of Public Choice Theory and Public Institutions." Wash. ULQ 74 (1996): 179. Udehn, Lars. The limits of public choice: a sociological critique of the economic theory of politics. Routledge, 2002.

제3장 우리나라의 전자 정부 발전사와 현황

제1절. 전자 정부에 이르는 여정: 정보 혁명

공간과 정보 혁명

정부와 공공부문의 활동은 다양한 정보 처리 활동이라고 정보의 관점에서 재정의 할 수 있다. 이러한 관점에서 볼 때, 20세기 후반부에 두드러졌던 정보 혁명과 정보 처리의 필요성은 원래부터 공공과 정부 행정의 영역에서도 존재해 왔고, 발전해 온 분야 라 볼 수 있다. 흔히 정보 혁명은 20 세기의 산물이라고 생각하고 있다. 그러나, 인류 역사는 시간과 정보의 혁명이라는 관점에서 재구성되어 설명될 수 있다.

첫 번째 단계는 도시 혁명으로 인류는 시간 제약을 극복하기 위해 물리 공간을 축소하는 공간 혁명을 이른 것이었다.[44] 고대 국가에서 이 건축물을 짓는다든가, 시장과 같은 경제 제도를 활성화하기 위해서도 도시의 탄생은 필연적인 것으로 받아들일 수 있다. 두 번째 단계의 공간과 정보 혁명은 산업 혁명기에 이루었었다. 도시의 혁명으로 확보된 물리 공간 위에 생산성을 극대화하려는 시도로 이해될 수 있다. 인류의 경제 성장을 위한 노

---

[44] Bloom, David E., and Tarun Khanna. "The urban revolution." Finance and Development 44.3 (2007): 9-14.

력은 두 번째 단계의 공간 혁명인 산업혁명에서 만족하지 못하고, 그 다음 단계인 정보 혁명의 단계에 이르게 된다.[45] 이 시기는 인터넷 시대로 대표되는 정보 혁신이 심화되고, 인공 지능의 활용을 기반으로 하는 전자 정부로 지향되고 있다.

90년대의 정보화 유행어: 유비쿼터스의 개념

유비쿼터스(ubiquitous)란 라틴어로 '언제 어디서나 있는'을 뜻하는 말로써, 사용자가 컴퓨터나 네트워크를 의식하지 않는 상태에서 장소에 구애받지 않고 자유롭게 네트워크에 접속할 수 있는 환경을 의미하는 신조어이다. 이는 지난 1998년 미국 제록스 팔로 알토 연구소의 마크 와이저 소장이 처음 사용한 용어로 유비쿼터스 컴퓨팅이 메인프레임, PC에 이은 제3의 정보 혁명의 물결을 이끌 것이라고 주장하여 관심을 모으고 있는 개념이었다. [46]

위에서 언급된 정보 혁명은 다시 4 단계로 설명될 수 있다.

그 첫 번째 단계는 전산화 단계로서 이 단계에서는 정보화의 대상이 수작업으로 업무의 자동화과 전산화 내지는 정보화의 목표가 되었다. 따라서 정보화의 환경은 폐쇄성을 띠었으며 정보화의 성과 기준은 얼마나 정보화 기기가 인력 감축 효과를 또는 얼마나 능률을 향상했는가로 통과될 수 있었다.[47] 이 시기의 정보기기는

---

[45] Yigitcanlar, Tan. "Urban management revolution: intelligent management systems for ubiquitous cities." The International Symposium on Land, Transport and Marine Technology. 2008.
[46] West, Matthew T. "Ubiquitous computing." Proceedings of the 39th annual ACM SIGUCCS conference on User services. 2011.

주로 메인 프레임이라 불리는 대형 컴퓨터를 의미하였다.48) 두 번째의 정보혁명 단계는 정보화 단계라고 할 수 있는데, 정보화의 초점은 정보의 흐름을 원활하게 하는 것이었다. 따라서 목표는 정보의 자유로운 유통에 있었고, 전산 환경은 개방성을 띄게 되었다. 이 시기의 정보화의 체제는 이 경영 정보 시스템이라 불리는 것으로서, 정보의 축적과 논리적 탐색 기능에 평가의 기준이 두어졌다.49) 민간 부문의 경영 정보 시스템에 대비하여 공공 부문에서는 Public MIS가 구축되기 시작하였는데, 이 시기의 정보 기기의 환경은 개인용 컴퓨터와 인터넷이 연계된 전산 환경이었다.50)

세 번째의 단계는 지식관리 단계라고 할 수 있는데.51) 지식과 가치 창조에 있었다. 이 시기에 등장하는 이 조직 관리의 도구가 바로 지식관리 시스템이며, 조직 차원의 지식 관리와 지식 학습이 등장되었다. 이 시기의 정보 환경은 pc와 유무선 인터넷이 결합이 시작되는 시기였고, 경제의 구조 및 작동 원리는 지식 기반 경제로 통칭되었다.52) 네 번째의 정보혁명 단계는 유비쿼터

---

47) 김동환. "지식정보 공간의 등장과 정보통신정책 패러다임의 변화." 한국공공관리학보 12 (1998): 317-334.
48) Nye Jr, Joseph S. "The information revolution and American soft power." Asia Pacific Review 9.1 (2002): 60-76.
49) Jonscher, Charles. "An economic study of the information technology revolution." Information technology and the corporation of the 1990s: Research studies (1994): 5-42.
50) Hanna, Nagy. The information technology revolution and economic development. Vol. 120. World Bank Publications, 1991.
51) Martensson, Maria. "A critical review of knowledge management as a management tool." Journal of knowledge management (2000).
52) McInerney, Claire. "Knowledge management and the dynamic

스화로 사물과 사물, 사물과 인간간의 통신과 정보 교류가 정보
화의 대상이 되는 변화가 발생하게 되는데, 이전의 PC가 정보화
의 중핵을 이루던 패러다임이 PC 공급의 포화와 미디어의 다매
체화에 따라 퇴색하기 시작한 데서 그 원인을 찾을 수 있다.

다음 단계는 인공 지능의 도입기이며, 현재 진행형이자 미래를
위한 미완성 상태로 제시될 수 있다.53)

<표1> 정보화 단계의 비교

	전산화	정보화	지식관리	유비쿼터스	인공지능화
목표/관심	수작업의 자동화	정보 유통의 신속화 정보 탐색의 효율화	단순한 지식축적에서 가치창조로	-사람과 사물의정보교환 -공진화	지능화 정부
정보화 환경	폐쇄적 시스템	개방 시스템	환경과의 교류	-사람 사물의 통합 -무경계, 무결점 연계	초연결 상태인식
정보화 체제	전산기기 중심체제	MIS/ PMIS Public Management Information Systems	지식관리 시스템	유비쿼터스 network	머신 러닝
정보기기	main frame	PC와 인터넷 PC 통신	PC, 유무선 망	포스트 PC	모든 정보기기 스마트 기기

nature of knowledge." Journal of the American society for
Information Science and Technology 53.12 (2002): 1009-1018.
53) Makridakis, Spyros. "The forthcoming Artificial Intelligence (AI)
revolution: Its impact on society and firms." Futures 90 (2017):
46-60.

제2절 우리나라 정보화 정책의 고찰: 행정 전산화와 전자 정부화

1) 우리나라 정보화 정책의 역사

정보전산화정책(역사)

우리나라 정부에서의 전산화사업의 역사는 1960년대로 거슬러 올라간다. 이 시기에는 정부와 공공 부문에 컴퓨터를 도입하는 전산화 사업을 시작하였다. 그 전산화 사업은 정보 기술의 변화와 전산화에 대한 맥락의 변화, 인식의 변화와 따라 전자 정부화로 진행되었고, 궁극적으로는 인공지능 정부화의 시대로 접어들고 있다.54) 그 간략한 시대적 변천을 다음과 같이 전개해 볼 수 있다.

(1) 태동기(1960년대 ～ 1970년대)

1960년대 말 우리나라 최초의 행정전산화는 경제기획원에 도입된 통계처리용 계산기였다. 지금의 기준으로는 PC급의 기계였지만, 당시에는 대단한 효용력을 지니는 기계로 평가되었다. 1970년대에는 과학기술처에 중앙전자계산소가 설치되고, 과학기술처의 주요기능 중 전산화 정책과 관련하여 컴퓨터 도입 심의기능이 신설되었다. 1960년대와 70년대는 대형 컴퓨터를 활용하는 방향으로 전산화가 추진되었다.55)

---

54) 송희준. "정보화정책의 역사적 성찰과 향후 과제." 한국지역정보화학회지 11.1 (2008): 1-15.

(2) 확대기(1980년대)

이 시기는 1979년의 「행정업무 전산화 추진에 관한 규정의 제정과 함께 전산화 정책이 수립되어 가던 시기로서, 본격적인 전산화 사업에 앞선 파일롯 사업으로 충청북도를 대상으로 행정전산화 시범이 이루어졌다. 이 시범사업은 모뎀선을 통해 행정 서류를 전송할 수 있는지를 시연해 본 기술시험적 사업이었다. 1980년대의 전산화 사업은 국가기간전산망 사업을 중심으로 이루어졌는데, 1984년 3월 국가기관 전산망 사업에 대한 조정지원 업무를 담당하는 국가기간전산망 조정 위원회를 설치하고, 1988년 국가기간전산망 사업에 대한 기본계획을 종합 수립하였다. 국가기간전산망 사업은 공공부문의 컴퓨터, 소프트웨어와 데이터베이스를 중앙 집중적으로 개발 및 운영하는 것을 목표로 하였는데, 앞서 살펴본 것처럼 이 시기도 정보화의 패러다임 상 대형 메인프레임 기계에 의해 전산화가 추진되던 시기였던 것과 궤를 같이 한다.56)

(3) 행정전산망 도입기(1980년대 후반 ~1996년)

이 시기는 행정종합정보시스템을 구축한 시기로서, 제1차 행정전산망사업이 1987년에서 1991년까지, 제2차 사업이 1992년부터 1996년까지 추진되었다. 제1차 행정전산망 사업은 주민등록, 부동산관리, 자동차관리, 통관관리, 고용관리, 경제 통계의 6대

---

55) 최창학. "한국의 전자정부 정책의 현재와 미래." 정보과학회지 22.11 (2004): 5-12.
56) 허상수. "한국 정보통신기술의 사회적 형성: 행정전산망용 주전산기 개발사례." 한국사회학 39.1 (2005): 167-193.

우선추진업무를 먼저 시행하였고, 제2차 행정전산망의 추진 대상
업무로는 국민복지, 우체국서비스, 기상정보, 산업재산권정보
(특허정보), 조달관리 등 7개 분야가 선정되었다. 2차 사업은 몇
가지 점에서 1차 사업과 구별되었는데, 그 특징은 다음과 같다.
첫째, 추진대상업무가 대민 서비스를 위한 기초 수준으로부터
국민복지, 산업재산권 정보 등 행정정보 공동 활용을 중심으로
하는 정책 수준으로 복합화되었거나, 둘째, 정부 내에 정보 종
합유통센터를 구축하려 했으며, 셋째, 종합시스템의 구축을 지
향했고, 넷째, 농산물 유통, 경제, 통상, 등 관련 정부시책의 지
원에 초점이 주어졌다는 것이었다. 1995년에는 대민행정서비스
편의제고와 개별 부처의 업무통합 정보화를 목표로 한 초고속
정보통신 기반구축 종합 추진계획을 수립하였다.

(4) 전자정부 추진기(1997년~ 2000년)

이 시기는 이전시기의 단순한 정보화 단계에서 보다 고도화된 전
자정부 구현을 목표로 한 시기로서 1996년 「정보화촉진기본법」에
의거, '정보화촉진기본계획'을 수립하였고, 전자 정부구현을 위한
10대 과제를 추진하였다. 또한 1997년에는 "작지만 생산성이 높
은 전자정부 구현"을 목표로 행정의 생산성 향상과 민원 행정서비
스의 개선을 위해 행정 정보 공동활용, 전자문서관리, one-stop
민원행정 등의 사업 계획을 구상하였다. 1999년부터는 전자정부
사업이 본격화되었는데, 그 내용은 ①공무원 1인 1 PC지급, ②초
고속망간 연계를 추진하는 나라망(NARA/NET) 사업 추진 ③전자

결재 및 문서 전자화를 촉진하기 위한 문서유통 고도화 종합대책 마련, ④원스톱 민원서비스 및 온라인 민원 처리 관련 법령 보완 ⑤행정기관들의 DB구축 보완 사업등을 포함하고 있었다.

(5) 우리 나라 전자정부화의 성과(21 세기)

우리나라의 전자정부 분야의 정책을 평가해 보면 다음과 같은 성과를 거두었음을 알 수 있다.

전자 정부 정책의 심화

이전 시기의 전자정부 정책으로 전자 정부화의 기반이 상당 부분 마련되었다. 즉, 전자결재 체제 확대가 이루어지고, UN을 통한 국제 비교에서 비교적 좋은 성과를 얻고 있는 등 긍정적인 면이 있는 반면, 정보공개제도의 개선 등의 현안문제를 지니고 있다.57) 이 시기에 있어 특기할 만한 사항은 단순한 정보기기의 보급이라든가 하는 전자정부화의 성과를 넘어서서, 비즈니스 프로세스(BPR)가 변화되는 사례들이 나타나기 시작했다는 점이다. 그 예 중 하나가 재택형 근무 방식 (특허청의 특허 심사업무)이라 할 수 있다.

○ 전자문서 부문

2000년대에 들어와, 전자 문서의 유통, 민원 온라인 화면에서 이전시기에 비해 완숙도가 증대되었다. 아래의 표에서와 같이 전

---

57) 유평준, 김도훈, 유병욱. "행정전산화에 따른 행정조직상의 변화분석: 컴퓨터의 영향에 대한 공무원들의 인식조사를 통해." 한국행정학보 28.4 (1994): 1371-1386.

자결재비율은 거의 90%대 후반에 이르게 되었고,[58] 이제 전자문서화와 관련하여서는 기관 내와 기관 간 문서유통률을 제고하는 것이 과제로 남아 있다고 볼 수 있다. 2000년데에 들어와 실시된 UN의 전자정부 준비지수(E-Gov't readiness Index) 평가에서 우리 정부는 매우 높은 수준을 유지하고 있다.

또한, 민원처리의 온라인화 비율은 지속적으로 상승하여 왔는데, 조사 대상 기관의 차이로 통계 상의 증감이 발견된 바 있고, 민원처리의 특징상, 온라인화의 지장요인도 존재하는 특성을 지니고 있다.

○비즈니스 프로세스(BPR)의 개선

이 분야에서는 특허청의 세계최초의 온라인형 재택근무제 시행이 두드러진 실적이라 할 수 있다. 이 제도는 생산성 향상과 근무자 만족도 향상이 주된 결과이며, 타 부처에 대한 확대 시행 가능성이 확인된 정부 혁신의 모델이라 할 수 있다. BPR의 개선은 중장기 과제로 지속적으로 연구, 보완하여 추진할 필요가 있는 분야라 할 수 있다.

---

58) 서혜란. "한국 공공기록관리 정책의 연대기적 검토." 한국기록관리학회지 9.2 (2009): 189-214.

2) 기존의 우리 나라 정보화 정책 추진 상의 난점들

(1) 행정 생산성

앞에서 살펴본 바와 같이, 우리 나라의 전자 정보화 정책은 큰 성과를 거두었고, 몇 가지의 문제점들을 드러내었다. 우리나라의 행정에 있어서 문제점은 다음과 같다. 이 중 일부 문제들은 21세기에 접어들면서 많이 개선되거나 완화된 것들도 있다.

첫째, 유사업무 중복수행으로 비용의 추가 발생이 된 면이 있었으며,

둘째, 문서전달 등 결재과정에 많은 시간이 소요되어 행정업무 지연이 초래되어 왔고, 셋째, 기관 내 부서 간 협조와 기관 간의 협조가 미흡하여 업무처리의 생산성을 저하시키는 면이 있어 왔다. 넷째, 정보시스템은 구축되었으되 공무원들의 정보활용 능력이 상대적으로 지체될 경우, 정보화 투자가 행정생산성으로 효율적으로 연계되지 못할 수 있고, 다섯째, 정보활용에 대한 평가체제가 부족하여 부처별 정보기술 활용도등에 대한 전자정부 촉진을 위한 긍정적인 피드백을 활용키 어려운 면이 있어 왔다.

(2) 행정 서비스

근래에 이르러 이 분야는 비약적인 개선을 이루고 있으나, 원칙론에 입각하여, 기존의 난점들과 개선 방향을 보면, 민원관련 분야의 전산화가 추진되었으나, 정보시스템이 상호 연계되지 않거나 법규 개정이 이루어지지 않아 일회 민원처리서비스를 제공하지 못

하여 하나의 민원을 처리하기 위해 여러 기관을 중복적으로 방문해야 하며, 과다한 서류 제출은 개선의 여지를 남기고 있다.

(3) 행정의 투명성

이 부분에서는 대부분 정보공개가 종이문서로 시행되어 고비용 구조가 되고, 국민들이 원하는 정보가 즉시성을 갖고 제공되지 못한다는 점과 국민의견 수렴을 위한 체계의 정비가 필요하다고 볼 수 있다.

(4) 정보 공동활용

행정 정보 공동활용은 이 장의 앞부분에서 살핀 정보화 단계의 초기 부분에 완성되어야 하는 사항이나, 실제로는 아직도 보완 개선이 필요한 부분으로 남아 있다. 개념 상 행정 정보 공동활용은 국가기관과 공공기관이 각 기관별로 업무 수행 목적상 보유하고 있는 정보를 업무수행을 위하여 기관 내 부문과 부문 또는 기관과 기업, 기관과 개인 사이에 공동으로 함께 사용하는 것으로[59], 1998년 제정된 우리나라 「행정정보공동이용에 관한 규정」에서 '행정정보란 행정 기관이 직무상 작성 또는 취득하여 관리하고 있는 자료로서 광 또는 전자적 방식으로 처리되어 부호·문자·음성·음향·영상 등으로 표현된 것을 말한다'고 규정되어 있다. 공동이용의 방법은 한 행정기관이 보유하고 있는 정보를 타 행정기관에 전산

---

[59] 김영대. "계층화 분석과정 (AHP) 에 의한 개인정보 보호정책의 중요도 분석." 정책분석평가학회보 6.1 (1996): 147-165.

망을 통해 제공하는 것으로 규정되어 있다.

행정 정보 공동활용과 관련된 우리나라의 문제점들은 다음과 같다.

첫째, 법령상의 문제로서, 전형적인 양태는 정보보유 기관이 정보제공에 소극적 태도를 갖는다는 점 과 공개에 대한 제도적 뒷받침이 부족하다는 점이 문제점으로 남아 있다. 둘째, 정보의 공동이용에 있어 야기될 수 있는 데이터의 프라이버시 문제와 보안문제는 공동 활용이 쉽게 해결될 문제가 아님을 시사해 준다. 셋째, 책임소재의 문제로 책임소재가 불명확할 수 있어, 공동 활용에 중요한 제약 요인이 되고 있다. 넷째, 규정상의 모호성으로 정보공동활용이 촉진되기가 어렵다는 점이다.

3) 정보화 정책 추진체계의 문제점

정책의 내용에 대비하여 추진체계상의 문제점들도 지적될 수 있다.

(1) 정보화 정책 추진 체계적 측면

그동안 추진되어 온 제1차 행정 전산망사업 시기에는 개별부처에 의한 전산망 도입이 억제되었던 경향을 가졌던 데에 비하여, 제2차 행정전산망 사업에서는 부처별 추진으로 정책 방향이 변화되어, 반대급부적으로 추진체제의 통합성 약화라는 문제점을 노출케 되었다. 이로 인한 문제점들로는 부처 간 유사 내지는 동일한

영역에서의 중복 투자, 정보 공동활용의 제약, 상이한 부처 간의
조정 기능의 취약성 등이 제기되었다.

(2) 추진 전략적 측면

초기 단계에서 행정정보화의 추진방향 설정이 내부업무의 효율
화에 중점을 두게 됨에 따라, 대국민 서비스 분야의 개선은 차선적
으로 밀리게 되고, 이 결과 현 단계의 개선 분야가 국민들이 체감
할 수 있는 전산화와 전자정부화로 귀결되게 되었다. 또한 정보기
술을 활용하여 행정업무방식을 개선하는 상위 전략과 로드맵이 보
완되어야 할 것으로 보인다.

(3) 정보자원관리 측면

다른 주요한 선진국들과 마찬가지로 우리나라에서도 전자 정보
화 분야에 막대한 예산이 투입되었는데, 이에 따라 투자된 재원이
정보 자원 관리 측면에서 얼마나 잘 활용되고 있는가가 관심사가
될 수 있다. 우리나라의 경우 다른 국가들에 비해 초고속정보통신
망이 잘 구비되어 있는데, 이러한 구축에 상응할 만한 양질의 행정
정보가 갖추어져야 하며, 행정서비스 간에 상호연계 분야에서는
개선이 지속적으로 필요하다고 볼 수 있다.

(4) 인적 · 제도적 측면

앞에서 언급된 부처 상호 간의 비협력적 태도', '자신의 업무에
관한 정보공개의 거부 등은 조직문화적 차원에서 해결되어야 하

며, 조직문화적 변화를 촉진하기 위한 제도적 뒷받침이 요청되고
있다.

(5) 기술적인 문제

정보화 정책 추진과 관련하여 몇 가지의 기술적인 문제가 실시
될 수 있다. 첫째는 표준화의 문제로, 부처 간 정보 분야에 투자
중복 등의 문제로 표준화가 해결되지 않은 채로 정책 논의가 이루
어진 때도 있었다.[60] 둘째, 업무별 전산망간의 상호 연동 성 문제
와 전산기기의 국산화 문제도 심도 있는 숙고가 요청되고 있으며,
셋째, S/W관리 상 의 문제들이 개선되어야 하고, 넷째, 'DB공동
이용을 위한 제도적 기반의 마련이 요청되고 있다. 이 이슈는 향후
스마트 시티 정책에서도 계속 관심을 두어야 할 분야이다.[61]

제3절 전자 정부 추진의 목적들: 전자 정부의 가치들

제2절을 통하여 1980년대 이래의 우리나라의 정보화 정책 그중
에서도 행정 정보화를 거쳐 전자 정부화로 이어지는 과정에 대한
전반적인 검토를 하였는데, 제3절에서는 보다 원론적인(generic)

60) 연승준, 박상현, 김상욱. "표준시스템 정책의 동태적 영향분석." 한국시스템다
   이내믹스연구 3.2 (2002): 93-112.
61) 장환영. "한국의 스마트시티 정책흐름과 향후 과제." 한국산학기술학회 논문지
   19.6 (2018): 507-518.

관점으로 복귀하여 전자 정부의 추진하는 근본적인 가치들 (values)에 대한 논의를 진행해 보고자 한다.

1) 전자 정부가 추구하는 가치들

여러 논자들마다 조금씩은 차이를 보이지만 대체로 전자 정부를 추구하면서 얻어지는 가치들을 전자 정부의 가치로 제시하게 된다.

○ 정부 조직(기구)내의 생산성 향상 (Producitivity Increase within the Government)

전자 정부를 시행할 때의 첫 번째 가치는 정부 조직의 운영 상의 생산성 향상이다. 물론 시민 관점에서의 우선순위를 먼저 제시할 수도 있으나, 그러한 서비스가 발생하기 위해선 먼저 서비스를 공급할 기반이 조성되어 있어야 한다. 행정 전산화나 전자 정부 없이도, 업무는 진행할 수 있으나, 전자 정부 없이 업무를 처리할 때의 예상되는 난점들은 유사 업무의 중복 수행, 늦은 처리 속도, 그리고 부서 간 의사소통의 어려움을 지적할 수 있다. 이러한 난점들은 전자 정부의 시행으로 상당 부분 해소될 수 있다.[62]

○ 시민들에 대한 혜택(benefits to citizens)

전자 정부를 추진하는 이유 중 중요한 점은 시민들에 대한 직접적인 혜택이 증가한다는 점이다. 이점은 다시 직접 방문의 사회적

---

[62] 유영철. "IT 정책품질관리제도에 관한 연구: 정보통신부의 GPLCS 고도화 전략을 중심으로." 한국지역정보화학회지 9.2 (2006): 1-32.

비용(Social Costs of Direct Visits), 행정기관의 중복 방문 (Redundant Visits to Government Offices), 그리고 과도한 서류 제출 요구(Overburdening Requirements of Document Submission)로 정리될 수 있는데, 이를 연결해 보면 다음과 같이 제시 할 수 있다. 정부 기구는 어느 나라나, 과거이든 현대이든, 국민들 혹은 사회 구성원들이 서비스를 얻기 위해 서류를 제출하는 구조로 되어 있다.63) 즉, 정부 입장에서는 서류를 제출받을 때의 비용은 받은 서류를 관리하는 부담 외에는 덜 발생한다. 다른 말로는 서류 제출로 인한 한계 비용이 매우 낮다. 이에 반하여 일반 국민들 입장에서는 요건을 갖추어 서비스를 받아야 하는 경우가 많으므로 서류 제출의 부담을 지니게 되고, 한계 비용이 높다. 즉 전자 정부가 시행되어 버스 전철을 타고 관공서에 가고 서류를 발급받아 이를 다시 제출하는 사회적 비용은 절감될 수 있다.

그런데, 각종 증빙을 발급받아 제출하는 경우, 예컨대 가장 제출 빈도가 높은 등본의 경우, 만일 어느 개인이 다른 행정 업무와 관련하여 구청에 1년 동안 10개의 등본을 제출해야 한다면, 이것 또한 과다한 제출 요구가 되고, 전자 정부는 이것을 해소할 수 있는 길을 예시해 줄 수 있다. 즉, 중복 제출에 대하여는 일정 기간 면제토록 하거나 전자적 열람으로 제출을 대신하거나 하는 등 시민 입장에서의 과도한 제출 부담을 크게 경감시킬 수 있다. 미국의

---

63) 정진우. "우리나라의 지역정보화 조직에 관한 연구." 한국지역정보화학회지 15.4 (2012): 71-87.

Federal Report Act of 1942, 1950, Paper Reduction Act of 1980 등은 이러한 관공서의 문서 보관의 부담과 시민 편의 증진을 모두 고려한 취지를 지닌다.[64]

전자정부 구현의 필요성

- 1. 행정 생산성
- 유사 업무 중복수행
- 늦은 처리속도
- 부서간 협조체제 미흡
- 정보기술활용기반 취약
- 정보기술에 대한 객관적 평가체계 미흡

전자정부 구현의 필요성

- 2. 행정서비스
- 직접방문의 사회적 비용
- 행정기관 중복방문
- 과다한 서류제출

- 3.행정투명성
- 정보제공의 양과 질
- 국민의견수렴 체계

---

[64] Paper Reduction Act of 1980, https://pra.digital.gov/

○ 행정 투명성(Transparency)의 증가

전자 정부는 투명성 제고에 기여한다. 서울시의 OPEN 시스템은 국제적으로도 명성을 얻기도 하였다. 공공 기관의 주요 입찰 정보, 주요 사업들, 각종 기구 관련 사항, 규제 관련 사항 등의 공개로 인하여 전자 정부는 투명성을 향상시킨다.[65]

○ 주민들의 능력 신장(Empowerment)

투명성 향상에 추가하여 정보의 제공으로 주민들이 교육 효과가 발생하고 주민 참여가 활성화되는 면이 있는데, 이 경우, 여러 나라들에서 임파워먼트 즉 능력 신장이 되는 것으로 보고되고 있다. 즉 주민 자치의 도구로 전자 정부로 활용될 수 있다. 흥미로운 점은 대부분의 나라에서 전자 정부의 초기에 시혜성을 가지면서 자원을 나누어 주는 교육 복지 등 부서보다 규제형 부서나 기관들이 정보화나 전자정부에 더 앞서 나가는 경향이 있었다.[66] 이는 전자 정부화를 추진한 이후의 비용이 거의 발생치 않기 때문이며[67], 이에 비하여 시혜성 정책을 추진하는 부서는 예산 수반이 되지 못하는 경우 전향적으로 전자 정부에 의한 주민 참여나 기타 시책들을 추진하기에 부담을 갖게 되었던 것으로 판단된다.

---

[65] 한세억. "지방정부의 u-City 전략과 정책: 제도주의 관점." 한국지역정보화학회지 11.1 (2008): 181-206.

[66] Bhatnagar, Subhash. E government: From Vision to Implementation. Sage Publications. 2004

[67] 규제 부서는 규제 내용을 제공하면 되고, 준수에 대한 압박을 증가시킬 수 있어, 거래 비용이 감소한다.

2) 기술성과 조직 및 인간 요소(Organizational & Human factors)들간의 관계

전자 정부는 기술성이 강한 정부의 영역이다. 그럼에도 무시할 수 없는 요인은 조직 및 휴먼 팩터로 불리는 요소들이다. 흥미로운 사실은 여러 문헌들에 공통적으로 전자 정부나 조직의 정보화의 성공 요인이자 성공 저해요인으로 기술성보다는 조직 및 인간적 요소가 갖는 중요도가 더 크다는 점이다.[68]

〈표 2〉 시대별 정보화의 가치와 주안점들

	Manual Handling System 1900s–50s	Electronic Data Processing 60s–70s	IRM 1 Information Life Cycle Management Late 70s–early 90s	Performance Management Early 90s––
value	Physical efficiency	efficiency	Efficiency Life cycle mgt	effectiveness
contents	Records document	Individual Control Of technology	IRM	IRM Linking performance and budget
	Low/middle mgr	Middle mgr	Middle mgr/high	CIO
	Federal Report ACT of 1942 Federal Records Acts 1950	Automatic Data processing Equipment act of 1965	Paper reduction act of 1980	Gov't Performance & Results Act of 1993 Paper Reduction Act of 1995 OMB Circular A-130

---

68) Bhatnagar, Subhash. E government: From Vision to Implementation. Sage Publications. 2004 chapter 6

제 4 절 전자 정부화와 관련된 정책 이슈들

1) 리엔지니어링과 정부 개혁

정부 조직에 컴퓨터와 관련된 문화가 도입되는 것은 정부 개혁과 전혀 무관할 수는 없다. 앞에서 살펴본 바와 같이, 전산화의 초기 단계는 인력 감축과 같은 구조 및 조직 개혁을 필연적으로 수반하며, 이런 맥락에서 행정 정보화는 그동안 정부 개혁의 도구로서 활용된 바 있다. 더욱이 공공 부문과 민간 부문 간의 구분이 공공 경영과 전산화의 영역에서는 차이점 보다 유사점이 증가하기 때문에 민간 부문에서 처음 등장한 리엔지니어링의 개념은 정부 개혁에도 그동안 영향을 미쳐 왔다.69)

리엔지니어링의 개념은 하버드 경영 대학원의 마이클 해머교수가 1993년 Harvard Business Review에 리엔지니어링의 효시가 되는 그를 게재하면서부터 알려지기 시작하였다. 리엔지니어링은 대상이 되는 조직의 업무 프로세스를 근본적으로 재설계하는 것이라고 해머는 밝히고 있는데, 이는 조직의 구조적 개편과 대비되는 개념이라 할 수 있다.70)

69) Doomun, Razvi, and Nevin Vunka Jungum. "Business process modelling, simulation and reengineering: call centres." Business Process Management Journal 14.6 (2008): 838-848.
70) Hammer, Michael. Beyond reengineering: How the process-centered organization is changing our work and our lives. 1900.

리엔지니어링의 등장 배경

리엔지니어링의 등장 배경으로는 몇 가지를 들 수가 있는데, 다음과 같이 정리될 수 있다. 첫째는 조직 관리 상의 복잡성의 증대이다. 대규모 조직의 경우에는 분업에 이점이 있는 반면, 관리 감독자의 비율이 증대되어야 하는 난점을 가지고 있다. 둘째, 대규모 조직에서는 업무 프로세스가 분절화되어 이를 조정 통합해져야 할 필요가 있다. 셋째, 조직 운영 환경의 변화로 써, 일반 조직의 경우 끊임없는 변화를 요구받고 있고, 정부 조직도 예외가 아닌 것이다. 일반 기업의 경우에는 고객의 가치에 대한 존중을 요구받고 있고, 정부의 경우에도 이에 상응하게 정부의 고객인 국민들에 대한 서비스 개선을 리엔지니어링의 근거로 삼고 있다.[71]

리지니어링의 단계

마이클 해머는 다분히 Top-Down 방식의 리엔지니어링을 구상하였고, 이에 비하여 데이븐 포는 Top-Down 과 Bottom Up 방식의 중도적 입장에서 리엔지니어링을 이해하였다. Belmonte와 Murray는 조직 문화의 관점에서 변화 관리(Change Management)와 타 조직의 실패 사례를 연구하는 것을 제안한 점에서 독특하다고 볼 수 있다.

---

[71] Grover, Varun, et al. "The implementation of business process reengineering." Journal of management information systems 12.1 (1995): 109-144.

리엔지니어링의 주요 방법들

프로세스 리 디자인(Process Redesign)

가장 대표적이고 전형적인 리엔지니어링의 방법으로서, 문제 진단에서 중복, 중첩, 비효율, 병목 현상, 부가가치가 발생하지 않는 활동들에 대한 진단이 얻어지는 경우에 실행을 한다.[72)]

리 디자인을 위해서는

① 비효율적이거나, 부가가치가 발생치 않는 활동들을 되도록 많이 제거하고,

② 산출물을 중심으로 활동을 조직화하고,

③ 초기에 품질이 보장되도록 조치하며,

④ 준비와 대기 시간을 줄이고,

⑤ 병렬적 처리를 고안한다.

⑥ 적절한 기술을 도입하고,

⑦ 지속적인 능력 개선과 개선을 위한 역량과 마인드 세트를 설계에 반영한다.[73)]

프로세스 리워크 (Process Re-work)와 셀프 서비스

위의 프로세스 리 디자인에 비하여 micro한 변화를 추구한다.

[72)] Gunasekaran, A., and B. Kobu. "Modelling and analysis of business process reengineering." International journal of production research 40.11 (2002): 2521-2546.

[73)] Wastell, David G., Phil White, and Peter Kawalek. "A methodology for business process redesign: experiences and issues." The Journal of Strategic Information Systems 3.1 (1994): 23-40.

즉, 프로세스 자체를 변화시키기 보다는 프로세스가 발생하는 곳에서 방법을 바꾸는 데에 초점이 있다.[74]

① 부서 방문이 필요한 서비스를 셀프서비스로 변경하고,

② 프로세스를 표준화하고 프로세스에 활용되는 도구들을 단순화한다.

③ 몇 사람에 의해 완성되던 과업을 가능한 범위에서 한 사람이 수행토록 변화시키고,

④ 한 업무에 관련된 종사자들을 동일 장소로 모은다.

⑤ 한 사람이 수행하던 업무를 몇 개의 논리적으로 구성된 그룹으로 나누거나, 전문가 업무 단계로 구분할 수 있다.

프로세스의 제거 (Process Removal)

대부분 조직 내외의 모범 사례들을 참조하여 제거가 이루어지는 경우가 있으며, 위에서 제시한 프로세스 리디자인에 일부로서 진행되거나, 아니면, 제거만 이루어지는 단계도 가능하다. 많은 문헌들에는 이러한 제거를 위해서 경영 과학에서 활용되는 critical path에 대한 분석을 시행하여 데이터를 보는 것을 언급하고 있다.[75]

---

74) Habib, Muhammad Nauman. "Understanding critical success and failure factors of business process reengineering." International Review of Management and Business Research 2.1 (2013): 1-10.

75) Belmiro, Tania R., et al. "Are BPR practitioners really addressing business processes?." International Journal of Operations & Production Management 20.10 (2000): 1183-1203.

아웃소싱

정부 혁신의 문헌들에 많이 등장하는 아웃 소싱은 리엔지니어링
에서도 방법론으로 등장한다. 이 경우, 무엇보다 다음의 문제 인식
을 바탕으로 점검을 해야 한다.

- 왜 아웃 소싱을 해야 하는가?
- 아웃 소싱을 할 때의 산출은 무엇인가?
- 아웃 소싱을 안 하고자 한다면 왜 안 하는지의 근거가 있는가?
- 아웃 소싱할 때의 리스크는 무엇인가?

위의 질문들을 바탕으로 하여 일반적으로 아웃소싱을 하게 되는
근거들을 살펴보면 다음과 같다.[76]

① 정부나 공공 기관의 업무 처리능력상의 제약 요건이 있을 때
  아웃소싱이 고려될 수 있다.

② 기존 서비스 채널에 추가하여 부가적인 서비스 전달 채널을
  만들고자 할 때, 아웃소싱이 고려될 수 있다.

③ 부가가치가 적거나 없는 업무 과정일 경우, 아웃소싱이 고려
  될 수 있다.

④ 기존에 공공 기관에서 할 때 보다 더 나은 서비스 조건이 제
  공될 수 있을 때, 아웃소싱이 고려될 수 있다.

⑤ ②번과도 연관되어 추가 서비스 공급을 위해 직원 채용이 어
  려울 경우, 아웃소싱이 고려될 수 있다.

---

[76] Bandaranayake, I. W. N., K. K. K. Sylva, and K. M. A. K. Kulatunga. "Investigation of Process Re-engineering on Jobshop Environment: A Case Study on Engineering Faculty Workshop." 2018 International Conference on Production and Operations Management Society (POMS). IEEE, 2018.

리엔지니어링에 대한 평가

공공 부문의 리엔지니어링과 관련하여 있어 다음에 내용들을 제시할 수 있다.[77]

첫째, IT의 역할과 관련하여, 그 역할은 수단적이라는 것이다. 즉, 정보 기술 자체가 상위적 개념으로 리엔지니어링을 실시해서는 안 된다는 것을 말한다. 즉, 정보기술은 리엔지니어링의 필요조건이고, 충분조건은 아니라는 것이다.

둘째, 공공 부문의 리엔지니어링과 관련하여 정답은 없다는 것이다.

셋째, 리엔지니어링이 만병통치약은 아니라는 것이다. 비유적으로 말하면, 좋은 낚시터에 가서 좋은 자리를 잡는 것이 조직전략이라면, 리엔지니어링은 한 번 자리 잡은 곳에서 어떻게 하면 고기를 더 잘 잡을 것인가를 달성하는 것이라고 볼 수 있다.

넷째, 현실에 있어서 리엔지니어링이 본래의 취지와 다르게 인력의 구조 조정의 방편으로 쓰인 적이 없지 않으며, 미국의 경우에도 이런 사례들이 보고되었다는 것이다.[78]

2) 정보자원관리(IRM)과 CIO 제도

(1) 정보자원관리(IRM)의 개념

Scott는 정보자원관리를 정보자체에 초점을 두고, 전체적인 관

---

77) Carey, Bryan. "Business process reengineering in a Six Sigma world." Retrieved May (2007).
78) Don Tapscott, The Digital Economy chapter 1

점에서 정보를 조직화하고 통합화하는 접근법을 일컫는 것으로 보았다. Taylor는 '정보자원관리의 궁극적인 목적은 조직의 목적달성에 필요한 정보를 마련하는 데 있다고 주장하였다.[79]

즉 종합적으로 정보자원관리의 개념을 보면, 점점 그 개념이 확대되어 오는 것을 알 수 있다. 초기의 데이터 획득과 소유, 정보의 공동 활용, DB의 구축과 관리를 포함하는 데이터 관리의 협의의 개념에서 정보관리와 H/W, S/W도입, 시스템 개발, 시스템 운영, 기술지원을 포함하는 정보시스템관리와 조직구조와 절차, 정보 인력 관리 등을 포함하는 광의의 개념으로 발전하고 있음을 알 수 있다.[80]

(2) 정보자원관리의 절차[81]

지식정보자원관리 평가지수 = 환경 평가지수 + 프로세스평가지수 +결과 평가지수

$$KMI = Wp^* \ KP + We^* \ KE + Wo \cdot KO$$
KMI: 지식관리 평가지수

---

[79] Chen, Rui. "The Eighth Stage of Information Management: Information Resources Management (IRM) vs. Knowledge Management (KM), and the Chief Information Officer (CIO) vs. the Chief Knowledge Officer (CKO)." International Forum on Information and Documentation. Vol. 23. No. 1. 1998.

[80] McClure, Charles R., and John Carlo Bertot. "The chief information officer (CIO): assessing its impact." Government Information Quarterly 17.1 (2000): 7-12.

[81] Ahadi, Hamid Reza. "An examination of the role of organizational enablers in business process reengineering and the impact of information technology." Information Resources Management Journal (IRMJ) 17.4 (2004): 1-19.

KP: 지식관리 프로세스 평가지수/KE:지식관리 환경 평가지수/
KO: 지식관리결과평가지수
wp: ' 지식관리 프로세스 가중치
we: 지식관리 환경가중치
wo: 지식관리 결과가중치

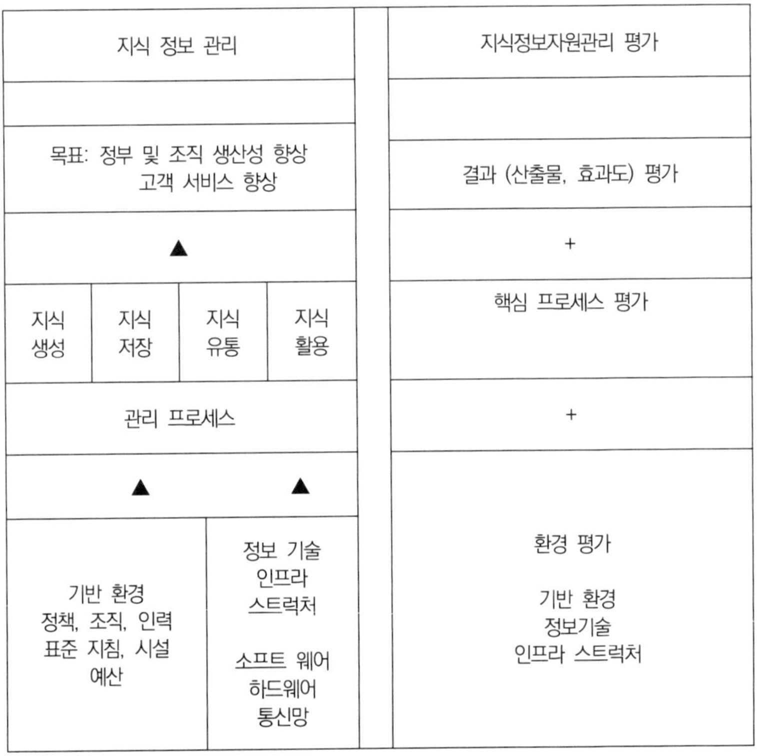

지식 정보 관리	지식정보자원관리 평가
목표: 정부 및 조직 생산성 향상 고객 서비스 향상	결과 (산출물, 효과도) 평가
▲	+
지식 생성 / 지식 저장 / 지식 유통 / 지식 활용	핵심 프로세스 평가
관리 프로세스	+
▲ ▲	
기반 환경 정책, 조직, 인력 표준 지침, 시설 예산 / 정보 기술 인프라 스트럭처 소프트 웨어 하드웨어 통신망	환경 평가 기반 환경 정보기술 인프라 스트럭처

(그림 2) 지식 정보 자원관리 구조

〈표 3〉 핵심 프로세스별 핵심성공요소

프로세스	핵심 성공요소(CSF)	중점 평가 항목
생성	-디지털화 촉진 정책 마련 및 시행 -디지털화 방법 선정 및 표준화	-지식정보생성촉진 방안의 적절성 -디지털화 절차의 효율성 -지식정보 형식 표준화 및 표준 준수도
저장	-지식정보의 분류체계 및 기술방식 개발 -저장된 정보자원의 관리 절차 마련	-지식 정보 분류체계 및 기술방식 의 적절성 -지식정보 관리의 안전성 -지식정보 관리의 효율성
유통	- 지식정보 공유 촉진 방안 마련 - 지식정보 공유를 위한 기반마련 - 저작권 정책 마련	-지식정보 공유 촉진 방안의 적절성 - 시스템의 개방성 - 저작권 적용 기준의 합리성
활용	-지식정보 활용 촉진 방안 마련 -지식정보 활용 용이성 제고	-지식정보 활용촉진방안의 적절성 -지식정보 활용 용이성

(3) CIO제도

CIO(Chief Information Officer)는 1970년대부터 미국의 민간 부문에서 도입되기 시작한 조직 내의 정보화 담당관 제도로서, 기존의 전산실 위주의 전산화로부터 큰 획을 긋는 변화를 상징한다.[82] 이전의 전산실 중심의 전산화 시대에는 전산실장이 조직 내부의 전산화 관련된 최고의 실무자이자 책임자였으나, 정보화 담당관이 책임을 맡는 패러다임에서는 정보화 담당관은 조직의 전반적인 정보관리정책의 수립과 집행을 책임지고, 총괄적으로 조직 전체의 정보자원관리를 책임지는 고위 직위자로 자리매김을 하게 되었다. 즉, 현대의 조직에서는 흔히 널리 알려진 CEO 외에도, CFO(Chief Finance officer), CTO(Chief Technology officer), CKO(Cheif Knowledge

---

[82] Ross, Jeanne W., and David F. Feeny. "The evolving role of the CIO." (1999).

Officer) 등과 같이 전문화된 보좌진들이 최고 관리자를 돕게 된다. 정보화 담당관으로 불리는 CIO도 이러한 맥락에서 특화된 기능을 수행하는 것으로 볼 수 있는데[83], 과연 이러한 전문화는 왜 일어나게 되었는가를 살펴볼 수 있다. 이것은 앞에서 살펴본 전산화 및 정보화의 패러다임이 바뀌면서 조직에서 단순히 정보 기술 만을 도입하는 것이 큰 의미를 갖지 못하게 되었기 때문이다. 즉, 기술과 조직이 결합되어서만 조직의 성과가 나타나게 된 것을 알게 된 결과라 할 수 있다.

우리보다 사회 전체적으로 전산화와 정보화를 먼저 겪은 미국의 경우, 이런 사회적 수요를 극명하게 보여 주고 있는데, 현재와 미래의 우리 상황에서도 정보화 담당관의 역할은 증대될 것으로 판단된다.[84] 우리나라에서도 전산화 정책 및 정보화 정책과 관련, 정부와 정책 간의 연계성의 부족이었던 바, 미국의 경우에도, 연방 기관 간에 정보화 정책 외의 연계성 부족, 그리고 주정부와 지방정부 간에도 연계성 부족이 문제시되었다. 둘째, 미국에서도 사회적으로 엄청난 양의 지원이 정보화 분야에 투입되었음에도 불구하고, 이에 대한 평가가 잘 이루어지기 어려웠던 점이 정보화 담당관 제도가 도입되는 사회적인 계기가 되었던 것이다. 셋째, 어느 나라에서나 그렇듯이, 미국에서도 정부 조직 내의 이해 당사자 간에 의

---

83) Peppard, Joe, Chris Edwards, and Rob Lambert. "Clarifying the Ambiguous Role of the CIO." MIS Quarterly Executive 10.1 (2011).

84) Banker, Rajiv D., et al. "CIO reporting structure, strategic positioning, and firm performance." MIS quarterly (2011): 487-504.

견 조율이 중요하게 부각되었으며, 정보기술과 관련된 구매 정책에서 더욱 조율의 필요성이 크게 나타났던 것이다. 넷째, 리엔지니어링과도 관련하여, 정보기술이 조직 개혁에 활용되는 사례가 증대하여 정보화 담당관의 역할을 더 중요하게 만들고 있다.

정보화 담당관의 자질

이들 시대의 패러다임인 전산실과 전산실장의 경우, 요청되는 대부분의 지식이 이 컴퓨터와 네트워킹에 관련된 공학적 지식이었다. 그러나, 이에 대비하여 정보화 담당관에게 요청되는 자질은 오히려 공학적 지식의 비율이 일부분이고, 대부분의 지식이 사회 과학적일 것을 요청하고 있다. 즉 정보화 담당관에게는 조직을 잘 이끌어 나갈 의사 소통 능력, 리더십. 조직 문화와 전산기술을 통합하는 능력이 더 중요하게 부각되는 것이다.[85]

정보화 담당관의 기능

몇 이론가들이 제시한 CIO의 기능들로는 다음을 제시할 수 있다. C. Wilder는 "Reengineering is priority"라는 글을 통해, 정보기술을 통한 사업과정의 재형성, 상급 관리자에 대한 정보시스템 교육, 기능간 정보시스템의 형성, 정보시스템과 조직목표의 일치, 정보시스템 전략 계획의 실행, 소프트웨어 개발의 생산성 제고, 자원의 활용, 경쟁. 우위달성을 위한 정보시스템의 활용, 정보

---

[85] Weill, Peter, and Stephanie L. Woerner. "The Future of the CIO in a Digital Economy." MIS Quarterly Executive 12.2 (2013).

시스템 아키텍춰의 개발을 예시하고 있고86), 미국의 우주 항공 분야 관청인 NASA의 CIO를 역임한 Strassman은 다음을 CIO의 주 기능으로 선별하였다.

- 부가가치가 증대될 수 있는 조직의 정보관리를 위한 전반적인 전략과 정책의 수립
- 조직의 사업과 부합하는 정보전략과 정책의 집행을 위한 최적의 과정에 대한 설득 지원
- 정보보안 정책과 모든 정보에 대한 표준의 확립
- 정보체제 관리 과정에 대한 정의와 관리
- 승인된 원칙들을 집행하기 위한 자문위원회 구성
- 정보시스템의 관리와 집행에 관련된 사람들의 훈련 및 교육에 대한 전반적인 감독
- 정보 관리와 관련된 예산 수립과 지출 수준결정에 대한 지원
- 조직 내의 정보자원과 업무간 연계성에 대한 정기적인 검토
- 프로그램의 기록과 자료의 법적 요건에 대한 부합여부를 확인
- 조직혁신 지원
- 정보와 관련된 흐름이 효과적으로 집행될 수 있도록 업무과정에 개선 방안 증진

---

86) Chun, Mark, and John Mooney. "CIO roles and responsibilities: Twenty-five years of evolution and change." Information & management 46.6 (2009): 323-334.

미국에서의 CIO 제도와 관련된 정부 개혁

미국에서는 클린턴 행정부 시절 National Performance Review 위원회의 출범과 함께 '기업같은 정부('Businesslike Government') 의 구호아래 CIO가 정보 기술을 행정 개혁의 도구로 활용하는 것을 제안, 실시하였다. 이 단계에 이르기 전부터도 정부 조직에서의 정보 활용에 대한 개혁과 개선의 움직임은 계속되어 왔는데, 그 예가 미국 연방정부의 종이감축법(Paper Reduction Act of 1980)이었다. 또 한 1996년에는 정보 기술관리 개혁법을 통과시켜, 백악관의 OMB를 통해 정보화 정책에 관한 총괄적 조정 통제가 가능토록 하였다. 미국 연방정부의 정보 담당관은 정보기술과 정보 자원 관리에 대하여 자신 이 보고. 해야할 부처 장관에게 자문 및 제반 사항을 지원하고, 정보 화 정책을 총괄하며, 부행정 조직이 이 효율적으로 운영될 수 있도록 돕는 역할을 하고 있다.[87]

우리나라에서의 CIO제도의 문제점

우리나라에서는 정보 통신부가 행정자치부에 CIO제도 도입 방 안 수립과 부처의 직제 개정 요청을 하여, 이슈로 제기하여, 1998 년 2월 국정 100대 과제에 포함되어 시행된 제도이다. 다른 나라 와 마찬가지로, 우리나라의 정보 담당관도 정보화 사업 계획을 종 합 조정, 추진 실적 평가, 각종 정책과 계획 수립 시 타 정보 정책

---

[87] Carter, Michelle, Varun Grover, and Jason Bennett Thatcher. "The emerging CIO role of business technology strategist." MIS Quarterly Executive 10.1 (2011).

과의 연결 업무, 일보 정보적 원의 종합적 관리, 조직 혁신에 관계된 노력 등을 주임무로 하고 있으며 앞에서 논의한 바와 같이 정보화 담당관이 공학적 지식을 상대적으로 덜 갖추게 되기 때문에 정보화 분야의 전문가를 보좌관으로 둘 수 있도록 법제적 절차를 갖추고 있다. 여기서 보좌관은 공직자 또는 민간 기업이나 연구 기관으로부터 파견받아 2년 이내의 계약직으로 채용할 수 있도록 되어 있으며, 보좌관의 자격은 5급 이상의 공무원으로, 정보화 관련 업무를 5년 이상 담당자 또는 정보화 관련 분야의 석사 학위 이상 소지자로서 5년 이상 연구 또는 실무에 종사한 자로 규정되어 있다. 민간인 출신의 보좌관들 경우에는 경력에 따라 공무원 3급에서 5급 상당의 대우를 하게 된다. 우리나라의 CIO제도는 각 부처 기획관리실장이 CIO를 겸임하고 있으나, 정부의 전자정부 프로젝트와 같은 거대한 IT 프로젝트가 대부분 IT전문가들에 의해 진행되고, 상대적으로 CIO의 기능이 아직 발휘되고 있지 못한 것이 실정이다. 행정자치부에서 만든 온라인 CIO 협의회의 경우에도 실효성이 증진될 필요성이 있다.

제 5 절 전자 정부의 방향성에 대한 시론적 논의

전자 정부의 구현이 향후에 어느 방향으로 가는 것인가에 대하여는 여러 분야 전문가들에 의한 논의가 진행되어야 하고[88],

인공 지능 기술의 도입으로 이 논의는 지속될 것이다. 다만 개념
도 측면에서 기존에 다루어 온 전자 정부의 연장선 상에서의 개
선 방향에 대한 논의를 전개하는 학자들이 있는데, 아래의 그림
으로 제시해 볼 수 있다.[89]

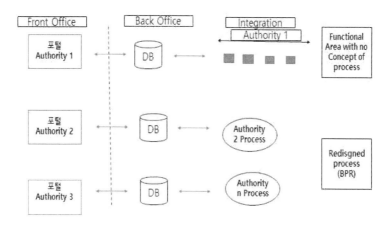

(그림 3) 전자 정부 1단계[90]

88) Zhang, Hui, Xiaolin Xu, and Jianying Xiao. "Diffusion of e-government: A literature review and directions for future directions." Government Information Quarterly 31.4 (2014): 631-636.
89) Rodrigo L. Martín and Jorge M. Montagna (2006), "Business Process Reengineering Role in Electronic Government", in The Past and Future of Information Systems: 1976-2006 and Beyond pp.77-88. H. Scholl, E-Government-Induced Business Process Change (BPC): An Empirical Study of Current Practices, International Journal of E-Government Research 1 (2), 27-49 (2005)
90) Rodrigo L. Martín and Jorge M. Montagna (2006)

위 그림 1에서 프론트 오피스는 국민들이 관공서를 찾는 부서이고, 그림에서 authority 1로 표현된 것은 하나의 부처를 의미한다. 그림에서 보듯이 부처의 각 업무 단계들이 맨 위 부처의 경우는 리엔지니어링이 되지 않은 상태를 말하며91), authority 2의 경우는 리엔지니어링을 거친 단계를 나타낸다.

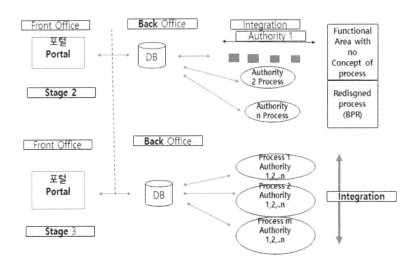

(그림 4) 전자 정부 2, 3단계 예시92)

---

91) Carter, Lemuria, Victoria Yoon, and Dapeng Liu. "Analyzing e-government design science artifacts: A systematic literature review." International Journal of Information Management 62 (2022): 102430.
92) Rodrigo L. Martín and Jorge M. Montagna (2006)에서 응용 변형함.

그림 2에서 다시 두 가지의 단계로 대분되는데, 위의 그림을 편의상 2단계라고 한다면, 2단계에선 각 부처별로 나뉘어 있던 프로트 오피스가 단일 창구화하여 통합된 포탈을 보여 주고[93], 여기에 DB도 하나로 통합되어 있다. 예컨대, 다부처 종합 민원 형태로 변모된 상태이다. 단, 그림2의 상단부인 2단계에선 백오피스 단계에서 각 부처별로 전산화 단계가 구성되어 있다. 3단계에 이르면, 2단계에서 발전된 양태는 백오피스 단계에서 부처별로 되어 있던 구성이 기능별로 통합된 형태가 된다.[94] 예컨대, 민원 서류 발급은 교육부, 법무부, 환경부, 국방부, 병무청 등 제 부처가 하나의 프로세스로 통합됨을 보여준다. 물론 위 그림은 예시적 스케치이며, 추가적인 고도화가 표현될 가능성은 남아 있다. [95]

[93] Alexopoulos, Charalampos, et al. "A framework of open government data (OGD) e-service quality dimensions with future research agenda." Records Management Journal (2023).

[94] Castro, Conceicao, and Cristina Lopes. "Digital government and sustainable development." Journal of the Knowledge Economy 13.2 (2022): 880-903.

[95] Manoharan, Aroon P., and Alex Ingrams. "Conceptualizing e-government from local government perspectives." State and Local Government Review 50.1 (2018): 56-66.

제4장 정책 결정에 영향을 미치는 요인들: 인공 지능과 집단 사고

앞의 장에서 전자 정부가 도입되고, 심화되는 과정을 살펴보았는데, 이제는 그러한 트렌드가 정책 결정을 접근하는 이론들에 주고 있는 영향에 대한 논의를 이어가기 위해, 4장에서는 인공 지능의 발전 과정과 정보화 속에서 나타난 멀티테스킹, 집단 사고 등의 현상들이 정책 결정의 질에 어떤 영향을 미칠 수 있는지를 세부적으로 살펴보고자 한다.

제 1절 인공 지능에 대한 접근법들

다양한 인공 지능에 대한 접근법들

1) 인공지능과 관련된 초기 논의들

Peter Kassan은 인공지능, 무수한 시도와 좌절된 꿈에서 인공 지능 연구는 독립적이면서 상충되는 세분야-연결주의, 계산주의, 로봇공학으로 갈라졌고, 각 분야별로 실현 가능성을 분석하여 제시하고 있다.[96]

○ 연결주의

연결주의는 심리학과 인지과학에서 다루어지는 이론으로, 인공신경망과 두뇌를 모델링하고자 하는 인공지능학파의 기초가 되는 이론으로서, 정신적 과정은 하나의 정신상태가 그 이전의 정신상태들과 몇몇 원리에 따라 연합하여 작동한 결과라고 본다. 예를 들어 예쁜 꼬마선충의 신경계를 연구하고 모델링하는 노력이 있었으나, 꼬마선충의 시냅스는 7,000개 정도이지만 사람의 대뇌피질에는 이보다 1,000억 배 많은 시냅스가 존재하여 사람의 대뇌피질은 이제까지 만들어진 인공신경망보다 적어도 6,000억 배 복잡하다는 난점이 존재한다.

즉, 사람의 두뇌를 모델링하여 인간 수준의 인공지능에 접근하려는 방식은 시냅스, 뉴런, 신경교세포와 뉴런의 상호작용에 대한 현실적인 모델이 없고 천문학적인 스케일의 시뮬레이션이 요구되는데, 지속적인 기술 발전이 있더라도, 두뇌를 모델링하는 데에는 수많은 코드가 필요하며, 통상적인 소프트웨어 개발과정에서 발생하는 오류 확률을 고려하면, 사람의 뇌를 모사할 정도로 규모가 큰 프로그램은 대략 20조 개의 오류 발생하여 이를 점검하고 수정하는 데에 함몰될 것으로 보는 입장이 있다.[97]

---

96) Peter Kassan, "A.I. gone awry", Skeptics. Vol 12 number. 2. 2011
97) Adams, Bruce and Stephen Ottley, "Brain Simulation," 2000, available at www.cybernetics.demon.co.uk/brainsim.html

○ 계산주의

　계산주의는 사람의 뇌를 모사하지 않고도 인공지능을 달성할 수 있다고 본다. 즉, 인간의 마음을 형식적 상징시스템으로 다룰 수 있으며, 그 의미나 맥락에 관계없이 순수한 구문론적 입장에서 상징 처리가 가능하다고 주장한다. 다만, 문장의 구문론적 구조를 결정하여 그 문장의 의미를 다룰 수 있도록 하고 있으나 문장을 의미론적으로 포착하지 않는 한 자연어를 구문론적으로 분석할 수 없는 점이 취약점이 된다. 계산주의적 접근은 전문가들이 명시적이고 형식화 가능한 일련의 규칙들을 적용한다고 가정한다.[98]

○ 컴퓨터 로봇공학

　전형적이고, 일반인들에게도 가장 이해가 잘되는 인공 지능의 접근법이다. 예컨대, 두 살 된 아이의 모든 행동을 흉내 내는 로봇을 만드는 것이　그 예이다. 다만, 이렇게 로봇을 만들더라도 이 로봇에 추가적인 프로그래밍이 없으면 나중에 열두 살 어린이의 행동을 보이거나 성인의 행동을 보일 거라는 근거가 없다는 것이 한계이다. 로봇공학자들은 추후에라도 컴퓨터 성능이 충분히 강력해지면 인공지능이 가능하다고 주장하나, 하드웨어가 충분해도 그

---

[98] Fodor, Jerry, The Mind Doesn't Work That Way: The Scope and Limits of Computational Psychology, 2000.
Schwarz, Georg, "What is Computationalism?," 1990, available at www.aec.at/en/archiv_files/19902/E1990b_107.pdf;
Horst, Steven, "The Computational Theory of Mind," 2003, The Stanford Encyclopedia of Philosophy, Edward N. Zalta (ed.)

것으로 무엇을 해야할 지에 대한 논의가 필요하여, 인간수준의 인공지능으로 진전되는 데에 제약이 현재로선 존재한다.99)

Boak Ferris의 주장: 인공지능, 생명을 재정의하다

Boak Ferris는 인간의 뇌를 모델링하여 인공지능을 만들고자 하는 노력은 설계의 난해함과 계산능력의 한계에 직면하게 될 것이나 우리의 과학이 충분히 발전하면 가능하다는 낙관론을 제시하고 있다. 즉, 인공두뇌가 인간의 신경 네트워크의 시냅스 속도 및 정보처리 능력과 대등할 필요는 없으며 DNA 컴퓨터나 분자 컴퓨터 등의 정보처리 능력과 속도가 비약적으로 증대되고 있고, 컴퓨터 칩셋과 의사결정나무 소프트웨어들은 수많은 응용 프로그램을 교차 연결하여 대용량의 인공신경망 구현이 가능하다는 것이다.100)

인공지능의 사고기능은 인터넷 검색엔진이나 아카이브 데이터베이스에 접속해 interrogator로부터 받은 입력값들을 분석하는 고속 프로그램으로 해결 가능하고, 자연어 처리 소프트웨어와 펌웨어는 인간의 언어적 오류를 해독할 수 있는 수준까지 발전했으며 곧 수백만 개의 대화를 취합한 뒤 이를 대화와 문자 데이터베이스

---

99) Coeckelbergh, Mark. "Three responses to anthropomorphism in social robotics: Towards a critical, relational, and hermeneutic approach." International Journal of Social Robotics 14.10 (2022): 2049-2061.

100) Ferris, Boak. "AI optimism: reasons for hope in the science of Artificial Intelligence." Skeptic (Altadena, CA) 19.2 (2014): 46-54.

로 변환함으로써 더 유연하고 즉흥적이며 대화 방향을 예측할 수 있는 언어 프로그램 수준에 도달할 수 있다는 제시이다.101)

이 추세로 나아가면, 기계가 타인과 유대감을 형성하며 대화하고 학습하는 것은 물론 스스로를 보호하는 생존 행동을 모방하는 하드웨어 모듈의 명령어를 어렵지 않게 만들 수 있고102), 이미 우리는 인간이 인식할 수 없는 확장된 분석 패턴들을 인식할 수 있는 다양한 계산 기계들을 가지고 있으며103), 이러한 기계들이 계속 발전함에 따라 언젠가는 특정 규칙을 나타내는 패턴을 인지하고 찾아내 이 패턴을 실행할 수 있는 프로그램을 직접 작성할 수 있는 기계가 나타날 것이라는 주장이다.

사실 레리 커즈 와일은 이 보다 더 적극적으로 인공 지능 시대의 도래를 설파해 오고 있다.104) 비록 그가 예단한 인공 지능 완성 시기는 불발로 드러났으나,105)106) 향후 지속적인 발전으로 특

---

101) Zou, Bin, et al. "Artificial intelligence technology for EAP speaking skills: Student perceptions of opportunities and challenges." Technology and the psychology of second language learners and users (2020): 433-463.
102) Goldstein, Ira, and Seymour Papert. "Artificial intelligence, language, and the study of knowledge." Cognitive science 1.1 (1977): 84-123.
103) Oktradiksa, A., et al. "Utilization artificial intelligence to improve creativity skills in society 5.0." Journal of Physics: Conference Series. Vol. 1760. No. 1. IOP Publishing, 2021.
104) Kurzweil, Ray. The Singularity Is Near: When Humans Transcend Biology Penguin Books. 2006 Kurzweil, Ray. The singularity is near. Palgrave Macmillan UK, 2014.

이점이 온다는 것107)이 그의 일관된 주장이다.108)

2) 인공지능 연구의 발전

인공지능이란 용어가 처음으로 등장한 1956년 이래 미국 동부 다트머스대학교에서 개최된 워크숍에서 인간과 같이 생각하는 기계를 처음으로 '인공지능'이라고 부르기로 하였다. '56년 John McCathy가 제안한 AI는 인간 지능을 재현하겠다는 취지를 달성할 수 있는 하드웨어적 요소가 발전하지 못하면서 '70년대까지 크게 주목받지 못하였다. 인공지능 연구는 지금까지 3차례 '붐'과 '겨울의 시대'를 되풀이해 왔다.

1950년대 후반~1960년대의 제1차 붐 시대에는 컴퓨터로 '추론 및 탐색'을 하는 것으로 특정문제를 푸는 연구가 진행되었고, 1980년대 제2차 붐은 컴퓨터에 지식을 넣으면 똑똑해진다는 접근법이 전성기를 맞이하고 expert system이 많이 만들어졌다.

인공지능이 발전해 오는 기간 동안의 주요한 변화를 간략히 요

---

105) Newitz, Annalee. "Goodbye to the singularity." New Scientist 256.3412 (2022): 26.
106) Popoveniuc, Bogdan. "Pro and cons singularity: Kurzweil's theory and its critics." Proceedings of the Virtual Reality International Conference: Laval Virtual. 2013.
107) Kurzweil, Ray. "Superintelligence and singularity." Machine Learning and the City: Applications in Architecture and Urban Design (2022): 579-601.
108) Kurzweil, Ray. "Superintelligence and singularity." Machine Learning and the City: Applications in Architecture and Urban Design (2022): 579-601.

약해 보면

다음과 같이 정리해 볼 수 있다.[109]

o 1956년 John McCathy가 제안한 AI는 인간 지능을 재현
하겠다는 취지를 달성할 수 있는 하드웨어적 요소가 발전
하지 못하면서 1970년대까지 크게 주목받지 못하였다.

o 1980년대 이후 하드웨어 인프라의 발전과 함께 부상하였으
며, 하드웨어가 기술의 발전을 따라가지 못하면서 기술의 성
장이 둔화되었으나, 90년대에 이르러 fuzzy 논리와 같은 방
법들이 제안되었으며, 산업현장에서 인공 지능 기술들이 응
용 확산되기 시작하였고,

o 빅데이터라는 이름으로 이미지 쇄신, 고성능 아키텍쳐 등을
활용하면서 정보 인지까지 확산되고, 최근 경제 고도화, 고
령화 등에 따른 생산인구 감소에 대한 사회적 비용 감소 대
안으로 부상케 되었다.

o 특히 미래 지식정보사회를 이끌어 갈 새로운 원천으로 주목
받고 있으며, 데이터 관리 및 분석, 비즈니스 의사 결정 등에
활용되기 시작하였다.[110]

---

[109] Engelbrecht, Dylan. "History of AI and Where We Are Today."
Introduction to Unity ML-Agents: Understand the Interplay of
Neural Networks and Simulation Space Using the Unity
ML-Agents Package. Berkeley, CA: Apress, 2023. 7-17.
[110] Reuter-Oppermann, Melanie, and Peter Buxmann. "Introduction
into Artificial Intelligence and Machine Learning." Armament,
Arms Control and Artificial Intelligence: The Janus-faced Nature
of Machine Learning in the Military Realm. Cham: Springer
International Publishing, 2022. 11-26.

<표 4> AI 기술 발전 과정

시기	내용
1950년대	- '56년 학계전문가 모임에서 인간 지능의 모든 측면을 그대로 재현하는 기계를 만들 방법을 논의하면서 수학자 John McCathy가 인공지능(artificial intelligence) 용어 제안
60-70년대	- 연구 개발이 기대와 달리 한계에 봉착함으로써, 각국에서 프로젝트 취소 및 중단
1980년대	- 과거에 이론화 되었던 개념들의 해법 등장으로 인공지능 부상
1990년대	- 하드웨어가 기술의 발전을 따라가지 못하면서 기술의 성장이 둔화되었으나, 퍼지 논리와 같은 방법들이 제안되었으며, 산업현장에서 인공 지능 기술들이 응용 확산 - 빅데이터라는 이름으로 이미지 쇄신, 고성능 아키텍쳐 등을 활용하면서 정보 인지까지 확산
2000년대	- 기계학습과 패턴인식 기술 발달로 인공지능 본격 활용

자료: 인간은 필요없다 1장 및 KISTEP, 2017 요약

인공지능(Artificial Intelligence) 발전에 따른 이슈: '인간은 필요없다'의 제리 카플란이 제시한 AI 시대의 이슈

'인간은 필요 없다'의 저자 제리 카플란은 인공지능 연구가 인조지능과 인조노동자 두 분야에서 발전하고 있다고 진단하였는데, 인공지능은 경험에서 배우는 시스템으로 기계학습, 신경망, 빅데이터, 인지체계, 유전 알고리즘 등으로 부르는 인공적 지능(synthetic intellect)을 지칭하며[111], 여기서 한 걸음 나아가 센서와 작동 장치의 결합으로 종합하는 인조 노동자(forged laborer)의 등장을 제시

---

[111] Kaplan, Jerry. Humans Need Not Apply: A Guide to Wealth & Work in the Age of Artificial Intelligence. Yale University Press, 2015.

하였는데, 이들 기계가 인간의 고유한 분야로 인식되던 '설득의 기술' 분야에서도 인간보다 뛰어나며, 인조노동자는 장소의 제약이 없어 단순화, 통합화에 유리하다는 특징을 지닌다는 점을 제시하였다.112)

인공 지능과 인공 지능 노동자의 시대에 있어, 제리 카플란은 1) 관리 통제 상실의 문제 2) 부의 불균형 및 집중화의 가속화 3) 직업의 상실이라는 3가지의 이슈를 제기하였는데, 첫째, 관리 통제 상실의 문제는 인간이 소화할 수 없는 방대한 양의 데이터를 활용하여 우리가 지각할 수 없는 시간 척도로 작동하게 되면서 단기간에 상상하기 힘든 규모로 사회가 붕괴될 가능성이 있다는 점이다. 사람의 손길이 닿지 않는 사이버 공간에서 목표가 상충되는 둘 이상의 자율 시스템이 서로 대치하는 문제가 발생할 수 있는데, 자율권을 손에 쥔 강력한 대리인이 등장한다면 근본적인 도덕적인 문제가 제기될 수 있다고 보았다.113)

둘째 이슈는 부의 불균형 문제이다. 경제적 불균형은 사실 오래된 정책과 연구의 주제인데, 인공 지능의 시대를 이를 가속화시킬 가능성이 있다. 셋째 이슈는 보다 가시적인 것으로 직업의 상실로 인한 문제 발생 가능성이 있다. 발전된 기술이 완전히 새로운 방식으로 노동을 자본으로 대체하고 새로 창출된 부는 부유한 사람들에게 불공평하게 많이 배분되면서 직업별 수익의 불균형이 초래되고, 노동자들이 새로운 일자리에 필요한 기술을 습득할 시간이 부족하

---

112) Kaplan, Jerry. Artificial intelligence: What everyone needs to knowR. Oxford University Press, 2016.
113) Kaplan, Jerry. Artificial intelligence: What everyone needs to knowR. Oxford University Press, 2016.

면서 실업이 심각한 문제로 부상할 우려가 있다고 보았다. 114)

제리 카플란은 대안으로 직업 대출과 공익지수에 따른 법인세 징수 등을 대안으로 제시하여 일자리를 잃으면 다른 일자리를 찾을 때까지 대출 상환금의 납부를 일시적으로 유예시켜 주거나 고용주와 학교 등 유관 주체의 협조를 유도하는 정책을 전개하는 것이 AI의 부작용을 최소화시킬 것이라고 주장하였다.115)

3) AI 시대에 따른 변화와 문제점에 대한 고찰

(생산성 향상, 그러나 직업의 상실)

인공지능 기술의 발전은 생산성 향상이라는 긍정적 이슈가 먼저 확산될 것으로 예상되나, AI로 인한 업무대체로 일자리 감소로 인한 사회적 논란이 예상된다.

제조업, 서비스업에 자동화, 지능화 등이 촉진되면서 생산성과 품질이 향상되었는데, 제조업에서 인공지능의 활용 범위를 확대하여 자동화된 물리적 공간에서 클라우드나 네트워크를 통해 제조, 생산할 수 있도록 하여 생산성과 효율성 향상되었고, 인공지능으로 자동화된 생산 시스템은 기존에 높은 인건비 등으로 인해 오프쇼어링 정책을 펼쳐왔던 선진국들의 인건비 문제를 해결하면서 제조업 회귀현상에 기여할 잠재력도 지닌다.116)

114) Meyer, Peter B. Superstardom and technological turbulence: job-linked sources of earnings inequality. working paper, 2008.
115) Kaplan, Jerry Humans Need Not Apply: A Guide to Wealth & Work in the Age of Artificial Intelligence. Yale University Press, 2015
116) Autonomous Manufacturing, "How Will Autonomous Manufacturing Lead Reshoring Initiatives?" 01 February 2023

직업면에선 2013년 옥스퍼드대에서 702개의 세부 직업 동향을 연구한 결과에 따르면, 미국 일자리의 47%가 컴퓨터화로 인해 없어질 위험에 있다고 발표한 바 있으며[117], 한국에서도 '2025년 경에는 상당한 정도로 현장에서 자동화된 로봇에 의해 대체될 것이라고 예측되고 있는데, 이러한 변화는 2030년대에 이르러 그 속도가 가속화될 가능성이 오히려 크다고 볼 수 있다.[118]

〈표 5〉 AI 등장 후 쇠퇴 또는 유망할 직종 전망

발표기관	쇠퇴 직종	유망직종
Oxford	- 텔레마케터, 세무 대리인, 재봉사, 자료 입력원, 도서관리 정보원, 은행 계좌 상담 및 개설 직원, 신용 분석가, 보험 감정사, 심판 및 기타 스포츠 관계자, 법률 비서, 출납원 등	- 치료사, 정비공/수리공/설치공, 사회복지사, 외과 의사, 전문의, 영양사, 안무가, 심리학자, 초등학교 교사, 관리자, 상담교사, 컴퓨터시스템 분석가, 큐레이터, 운동 트레이너 등
워싱톤 포스트	- 농업 분야 노동자, 우편 서비스 노동자, 재봉틀 사업자, 배전반 사업자, 데이터 입력 사무원 및 워드 프로세서 타이피스트	- 정보 보안 전문가, 빅 데이터 분석, 인공지능 및 로봇 공학 전문가, 모바일 장치용 프로그램 개발자, 웹 개발자, DB 관리자, 비즈니스/시스템 분석가, 윤리학자, 엔지니어, 회계사, 변호사, 금융 컨설턴트, 프로젝트 매니저, 전문의, 간호사, 약사, 물리 치료사, 수의사, 심리학자, 교사, 영업 담당자와 건설 노동자 (특히 벽돌공과 목수) 등
테크M	- 콜센터 상담원, 교수, 택시기사, 세무·회계사, 단순조립, 의사·약사, 변호사	- 데이터분석가, SW개발자, 헬스케어 종사자, 로봇 공학자, 예술가, 보안 전문가, 바이오 엔지니어

https://amfg.ai/2023/02/01/how-will-autonomous-manufacturing-lead-reshoring-initiatives/

[117] Rinehart, Will, and Allison Edwards. "Understanding Job Loss Predictions from artificial Intelligence." American Action Forum. Org. 2019.

[118] Davenport, Thomas H., and Rajeev Ronanki. "Artificial intelligence for the real world." Harvard business review 96.1 (2018): 108-116.

(서비스 격차 발생 가능성)

인공지능으로 인해 각종 복지 서비스 등이 개선되어 삶의 질이 개선될 것으로 기대되고 있으나, 대규모 투자 및 인프라가 구축되지 못할 경우 다른 사회 문제들이 유발될 수도 있다. 즉, 인공지능 도우미 로봇 기술 등으로 복지서비스가 한층 향상될 수 있어 초고령화 사회에 복지 업무를 담당할 인력 문제 해결 가능할 수 있고[119], 인간이 수행하기 어려운 일을 대체하거나 보완하여 보다 높은 양질의 서비스를 제공하거나 받을 수 있는 환경이 구축될 수 있으나, 인공지능 기술 발전을 통해 얻어지는 혜택이 보편적 편의성 증대로 이어지기 위해서는 국가적 차원의 접근과 투자가 수반되어야 하며, 인공지능에 대해 알지 못하는 사람들을 위한 교육과 홍보, 기술을 활용하지 못하는 사람들도 접근 가능하도록 교육의 기회를 제공해야만 인공지능의 혜택이 보편화되게 되는데, 특히 고령층과 비고령층 간의 정보 획득 격차를 유발 등이 잠재적인 요인으로 남게 된다.

(사회/윤리적 문제 대두)

기술이 점차 고도화되면서 통제 불능의 상태가 되거나 특정 목적을 가진 집단에 악용될 경우 심각한 윤리적 문제가 발생할 우려도 존재한다. 특히, 인공지능 기기에게 자율적 의사 결정 기능을

---

119) Alcover, Carlos-Maria, et al. ""Aging-and-Tech Job Vulnerability": A proposed framework on the dual impact of aging and AI, robotics, and automation among older workers." Organizational Psychology Review 11.2 (2021): 175-201.

부여하게 되면, 설계 시 미처 고려하지 못했던 조건이나 상황에 직면했을 때, 통제가 불가능한 상황이나 예기치 못한 문제를 만들어 낼 수 있고, 이 경우의 귀책 요건에 대한 법리적 검토가 신속히 추진될 필요성이 있다.120)

또한 의도하지 않은 문제들도 대두될 수 있는데, 예컨대, 딥 러닝과 같이 개인 정보를 학습하는 인공지능 기기는 정보 보안 기능이 강화되더라도 사생활 침해 및 개인정보 유출의 피해 가능성이 존재한다.121) 개인정보 유출 문제는 인공지능 개체가 입수한 데이터를 클라우드 등을 통해 인공지능 시스템 전체가 공유할 경우 여기서 공유되는 개인 정보들이 엄격히 관리되지 않으면 정보 유출 문제나 사생활 침해 등의 문제가 심각해질 수 있다.

(AI의 권리 침해)

인공지능의 자발적 판단에 의해 발생되는 문제는 소유자의 책임인지, 제조물 책임을 적용해야 할지의 이슈가 발생할 수 있는데, 인공지능 자체는 법인격이 없는 사물이므로 소유자가 책임을 져야 한다는 시각, 제조물 책임을 적용해야 한다는 시각, AI가 자율적 존재이므로 스스로 책임지는 환경을 구축해야 한다는 시각 등 다

---

120) Stahl, Bernd Carsten, and Bernd Carsten Stahl. "Ethical issues of AI." Artificial Intelligence for a better future: An ecosystem perspective on the ethics of AI and emerging digital technologies (2021): 35-53.

121) Ouchchy, Leila, Allen Coin, and Veljko Dubljevi?. "AI in the headlines: the portrayal of the ethical issues of artificial intelligence in the media." AI & SOCIETY 35 (2020): 927-936.

양한 법적, 정책적 관점과 의견이 검토되고 있고, 방안이 모색되어야 할 시점이 되었으며, 인공지능으로 인한 피해에 대하여 보험 가입 등의 제도 보완으로 일부 해소될 수는 있으나, 이전까지 사람과 기술의 관계는 그동안 사람이 기술을 절대적으로 통제하는 일방향 관계였으나 AI 사회에서는 양방향적 상호의존 관계로 변화됨에 따라서 기술 발전으로 위협받는 사람들의 권리 보호가 정책적 관심 대상이 될 것으로 보인다.

[그림 5] 사람과 기술간의 관계 변화
자료: NIA, 2017

제2절 정보 과부하 (Information Overload): 정보 과부하 문제와 정책 결정의 품질 문제와 그에 대한 반론(클라이브 톰슨)

바네바 부시(Vannevar Bush)는 일찍이 인간의 정보 처리 용량의 한계가 우리의 발전을 가로 막는 유일한 장애가 될 것임을 예견하였다.122) 그의 언급은 사실 타당한 면이 많았다. 그리하여 이후의 컴퓨터와 인터넷으로 대표되는 정보 통신의 비약적인 발전은 우리의 문제를 해결해 주는 듯하였다.123) 그러나 본질적으로 우리는 인간으로서의 정보 처리 용량의 한계를 극복할 수 있을 것인가? 의 문제에 봉착한다.124) 125)

이러한 지적 발전의 연결선 상으로 이해할 수 있는 것이 1960년 대부터 70년 대를 풍미했던 경영 정보 시스템(MIS)과 이를 공공 부문에 적용한 공공 정보 시스템(PMIS)은 정보 처리 용량을 확대해 주었으나, 정책 결정의 궁극적인 목표인 합리성의 달성엔 이르지 못한 것으로 보아야 한다. 전자 정부 시대와 인공 지능으로 인한 정책 결정 지원의 시대에도 이점은 큰 틀에선 유지될 것이란 논점을 제기해 볼 수 있다.126) 즉, 늘어난 정보량이 결정의 질을

---

122) Bush, Vannevar. "As we may think." The atlantic monthly 176.1 (1945): 101-108.
123) Nyce, James M., and Paul Kahn, eds. From Memex to hypertext: Vannevar Bush and the mind's machine. Academic Press Professional, Inc., 1991.
124) Wang, Changyu, et al. "How can leaders alleviate employees' workplace anxiety caused by information overload on enterprise social media? Evidence from Chinese employees." Information Technology & People 36.1 (2023): 224-244.
125) Edmunds, Angela, and Anne Morris. "The problem of information overload in business organisations: a review of the literature." International journal of information management 20.1 (2000): 17-28.
126) Eppler, Martin J., and Jeanne Mengis. "The Concept of Information Overload-A Review of Literature from Organization Science, Accounting, Marketing, MIS, and Related Disciplines (2004) The Information Society: An International Journal, 20 (5), 2004, pp. 1?20." Kommunikationsmanagement im Wandel:

보장하는가? 의 질문 앞에 우리는 미래에도 직면케 될 것이다.127)

인공 지능이 활발히 활용될 것에도 의심의 여지가 없고, 상당 부분 우리의 결정의 부담을 덜어 줄 것에도 의문이 적을 수 있다.128) 그러나 가장 본질적으로 정책 결정의 품질을 좌우하는 핵심은 중요한 결정, 가장 중요한 결정들을 시행할 때129)의 우리의 준비된 정도에 기여하는가의 문제이다.130) 여기에는 인공 지능이 고도로 발달된 뒤에도 선뜻 정책 결정의 품질이 향상될 것이라고 답하는 데에 주저함이 있을 수 있다.131)

멀티 테스킹의 한계

전자 정부나 인공 지능 등의 활용으로 인한 정보량 압축 및 감소가 발생함에도 추가적인 정보량의 발생이 있고, 이런 것들을 모

Beitrage aus 10 Jahren= mcminstitute (2008): 271-305.

127) Goswami, Shubham. "Analysing effects of information overload on decision quality in an online environment." Journal of Management Research 15.4 (2015): 231-245.

128) Belabbes, Mohamed Amine, et al. "Information overload: a concept analysis." Journal of Documentation 79.1 (2023): 144-159.

129) Schemmer, Max, et al. "Should I follow AI-based advice? Measuring appropriate reliance in human-AI decision-making." arXiv preprint arXiv:2204.06916 (2022).

130) Jakubik, Johannes, et al. "An Empirical Evaluation of Predicted Outcomes as Explanations in Human-AI Decision-Making." Machine Learning and Principles and Practice of Knowledge Discovery in Databases: International Workshops of ECML PKDD 2022, Grenoble, France, September 19?23, 2022, Proceedings, Part I. Cham: Springer Nature Switzerland, 2023.

131) Vidalis, Takis. "Artificial Intelligence Into Democratic Decision Making." Encyclopedia of Data Science and Machine Learning. IGI Global, 2023. 1600-1613.

두 잘 처리한다고 해도 역시 인간 의사결정자는 정보의 홍수 속에서 결정을 해야 함은 변함이 없다. 여기에 추가되는 맥락이 멀티테스킹 이슈이다. 멀티 테스킹은 마치 컴퓨터의 중앙 처리장치의 기능처럼, 과연 사람의 뇌도 동시에 복수의 일들을 잘 처리할 수 있는가의 문제이다.132)

이에 대하여는 부정적인 입장과 긍정론이 모두 팽팽히 제시되고 있고, 단순히, 인지 심리학의 논의를 넘어, 정책학, 행정학에 대한 함의가 크고, 더 외연을 넓혀서 교육학 분야에까지 파장을 주는 논점인 것이다.133) 이 이슈에 대하여 부정론자들은 그동안 수행된 다양한 심리학, 뇌의학 분야 연구들을 인용하며 논지를 제시하는데, 본질적으로 인간의 뇌에게 복수의 일을 강요하는 것이 무리라는 입장이다.134) 이 주장은 니콜라스 카의 책에서 일관되게 주장되고 있는 컴퓨터의 비유를 인간에게 적용하는 것의 문제점과도 일맥 상통한다. 즉, 컴퓨터 시대에 인간의 뇌가 "시대적 흐름"에 의해 변형되고 있다는 논지이다.135)

먼저 종이책이 전자책과 하이퍼 텍스트 기반의 읽기로 전환되는

132) 니콜라스 카, 생각하지 않는 사람들 청림출판 2011.
133) Worringer, Britta, et al. "Common and distinct neural correlates of dual-tasking and task-switching: a meta-analytic review and a neuro-cognitive processing model of human multitasking." Brain Structure and Function 224 (2019): 1845-1869.
134) Courage, Mary L., et al. "Growing up multitasking: The costs and benefits for cognitive development." Developmental Review 35 (2015): 5-41.
135) Musslick, Sebastian, and Jonathan D. Cohen. "Rationalizing constraints on the capacity for cognitive control." Trends in Cognitive Sciences 25.9 (2021): 757-775.

것이 인간 뇌의 활용 영역이 변경된다는 주장이다. 원래의 인간 본연의 Deep Reading(숙독)을 할 때의 뇌 영역과 달리 운동을 할 때 활용되는 뇌 영역이 활용되어 인터넷과 정보 기기에서의 독서가 사실상 운동 경기와 같은 뇌 혹사를 조장한다는 점이다.136) 이 연장선에서 멀티 테스킹은 집중도를 저하시킨 상황에서 이루어지는 절충이라 것이 비관론자들의 공통적 주장이다.137) 이 점이 교육학 분야에서 주는 시사점은 우리나라를 포함하여 많은 나라들에서 전자 교과서 보급을 확대하고 있는데, 그 연령이 적정한지에 대한 실무적 이론적 논의가 필요함을 시사해 준다. 즉, Deep Reading이 안되어 이해도가 낮아지고 지식이 축적이 현세대와 다른 방식으로 이루어지는 이른바 팬케익 맨이 양산될 가능성에 대한 우려 때문이다. 이에 비해 우리의 문명과 직장 상황은 멀티 테스킹을 잘하는 직원이 우수 직원으로 인정되는 곳으로 다소간 과장하면 팬케익 하우스가 되어 가고 있다.138)

멀티 테스킹과뇌의 변화에 대한 낙관론

위의 주장과 반대로 인간들은 인터넷과 정보 사회의 맥락에 적응하고 우리의 뇌는 잘 적응한다는 반론도 있다.139) 톰슨은 페이

---

136) Musslick, Sebastian, et al. "Multitasking capability versus learning efficiency in neural network architectures." Cognitive Science Society, 2017.
137) Manhart, Klaus. "The limits of multitasking." Scientific American Mind 14.5 (2004): 62-67.
138) Carr, Nicholas. The shallows: How the internet is changing the way we think, read and remember. Atlantic Books Ltd, 2010.
139) Thompson, Clive. Smarter than you think: How technology is

스 북이나 기타 sns를 예로 들면서 사람들은 ambient awareness 의 맥락에서 과도한 노출을 자제할 수 있다고 주장하고 있다.140) 즉, 과도한 노출이 되면 흔히 말하는 잠수나 탈퇴를 하여 조절할 수 있다고 주장하면서 나름의 경험적인 사례들을 제시하고 있다.141) 사실상 우리가 직면한 환경 하에서 뇌가 큰 무리 없이 적응을 할 것이라는 낙관론을 제시하고 있다. 여전히 해소되지 못한 논점142)은 어느 정도로 적응할 수 있는 것인지와 자율적으로 조절할 수 있는 사람143)과 그렇지 못한 사람들 간144)의 문제에 대해서는 다른 논자들의 연구가 필요한 상황으로 보아진다.145)

changing our minds for the better. Penguin, 2013. Thompson, Clive. "The minecraft generation." The New York Times Magazine (2016): 48-53. Thompson, Clive. "Brave new world of digital intimacy." The New York Times 7 (2008).

140) Kergel, David. "The SNS Universe of the Control Society." Digital Cultures: Postmodern Media Education, Subversive Diversity and Neoliberal Subjectivation. Wiesbaden: Springer Fachmedien Wiesbaden, 2023. 123-164.

141) Lui, Kelvin FH, et al. "Are there associations between daily multitasking experience and multitasking performance?." Quarterly Journal of Experimental Psychology 76.1 (2023): 133-146.

142) Tham, Jason CK, and Gustav Verhulsdonck. "Smart Education in Smart Cities: Layered Implications for Networked and Ubiquitous Learning." IEEE Transactions on Technology and Society (2023).

143) Lang, Annie, and Jasmin Chrzan. "Media multitasking: Good, bad, or ugly?." Annals of the International Communication Association 39.1 (2015): 99-128. Dzubak, Cora M. "Multitasking: The good, the bad, and the unknown." The Journal of the Association for the Tutoring Profession 1.2 (2008): 1-12.

144) Lubstorf, Svea, et al. "Digging into "Zoom Fatigue": A Qualitative Exploration of Remote Work Challenges and Virtual Meeting Stressors." Merits 3.1 (2023): 151-166.

제 3절 정책 결정의 품질의 문제: 인공지능의 용례에 따른 한계, 알고리즘의 바이어스

앞의 절을 통하여 정보 처리 용량 상의 한계와 멀티 테스킹 능력의 불가능성 이슈를 살펴보았다. 이 부문에서의 핵심은 결국 정책 결정의 품질이 향상될 수 있는지가 관건이 된다. 여기서 몇 가지 짚고 넘어갈 이슈들이 있는데 다음과 같다.146)

알고리즘의 편향 문제

알고리즘의 유용성을 제약하는 하나의 이슈는 알고리즘에 내재한 편향성이다. 알고리즘은 편향성을 갖는 인간 전문가보다는 덜 편향적이지만147), 알고리즘 자체가 사람이 만든 프로그램이란 점148)에선 작성자나 작성 요청자의 특성을 반영하므로 편향이 없을 수는 없다.149) 이 특징은 편향이 적거나 없는 것이 합리적 결

145) Aagaard, Jesper. "Multitasking as distraction: A conceptual analysis of media multitasking research." Theory & Psychology 29.1 (2019): 87-99.

146) Kordzadeh, Nima, and Maryam Ghasemaghaei. "Algorithmic bias: review, synthesis, and future research directions." European Journal of Information Systems 31.3 (2022): 388-409.

147) 다니엘 카네만 생각에 관한 생각

148) Akter, Shahriar, et al. "Algorithmic bias in machine learning-based marketing models." Journal of Business Research 144 (2022): 201-216.

149) Rieskamp, Jonas, et al. "Approaches to improve fairness when deploying ai-based algorithms in hiring?using a systematic literature review to guide future research." Hawaii International Conference on System Sciences. 2023.

정이라는 합리 모형의 이상형을 생각할 때는 인공 지능도 피하기 어려운 숙명으로 남는다.150)151)

알고리즘/ 기계 학습의 불충분성 / 챗 GPT 활용과 제한

사실 인공 지능의 활용 범위가 넓어지고, 이의 적확도가 높아지는 것은 시간의 문제이며, 사회에서의 수용도 또한 시간의 문제일 수 있다.152) 수용도는 기술적 완성도 면에서의 수용도와 법 제도적 관점에서의 수용도153)로 구분해 볼 수 있는데, 전자는 최근의 챗 GPT의 경우에서와 같이 여러 분야에서 활용도를 급격히 높일 가능성이 커지고 있다.154) GPT의 경우, 연설문 등 작문 뿐 아니라, 일정 범위의 코딩과 코딩에 대한 리뷰 등이 가능하여 이전 시기에 인공 지능이 직업을 대체할 것이라고 예견한 학자들의 입장155)에 대해 일반인들도 이해도가 크게 향상되게 되었다.156) 157)

---

150) Alon-Barkat, Saar, and Madalina Busuioc. "Human?AI interactions in public sector decision making:"automation bias" and "selective adherence" to algorithmic advice." Journal of Public Administration Research and Theory 33.1 (2023): 153-169.

151) Moura, Ian. "Encoding normative ethics: On algorithmic bias and disability." First Monday (2023).

152) Kostick-Quenet, Kristin M., et al. "Mitigating racial bias in machine learning." Journal of Law, Medicine & Ethics 50.1 (2022): 92-100.

153) Panigutti, Cecilia, et al. "Ethical, societal and legal issues in deep learning for healthcare." Deep Learning in Biology and Medicine. 2022. 265-313.

154) Lund, Brady D., and Ting Wang. "Chatting about ChatGPT: how may AI and GPT impact academia and libraries?." Library Hi Tech News (2023).

155) Humans need not apply pp.

이러한 놀라운 업적을 뒷받침하는 인공 지능 기반의 기계 학습의 아킬레스건으로 남아 온 것은 기계 학습을 통해 수많은 데이터가 축적되어야 실력을 발휘케 된다는 점이고[158], 이 과정 상의 취약점들을 보면 사회에서 이러한 오류들로 인한 파장을 수용할 수 있을 것인지에 대한 논란을 일으키기에 충분한 오류들을 포함하고 있다.[159] 딥 러닝의 연구자들은 카메라로 인식한 피사체에 대한 기계 학습의 오류들을 다수 제시해 주고 있다. 이러한 오류의 문제는 의료 진단 분야에도 심각한 과정을 겪어야 함을 시사해 준다.[160] 즉, 진단을 위한 사례가 대규모 데이터로 존재해야 하고, 이를 검증받을 수 있어야 하고, 이 데이터의 수집 활용에 있어 실정법의 저촉을 피할 수 있어야 만 하는 조간들이 수반된다.

특허법 관련해서도 인공 지능이 저작물의 범위와 저작권 인정 범위와 허용 여부는 지난 수년간 여러 국가들에서 핫한 이슈이고[161] 당분간 논의가 지속될 것으로 보인다.[162] [163]

---

156) Chen, Kaiping, et al. "A critical appraisal of equity in conversational AI: Evidence from auditing GPT-3's dialogues with different publics on climate change and Black Lives Matter." arXiv preprint arXiv:2209.13627 (2022).

157) Cotton, Debby RE, Peter A. Cotton, and J. Reuben Shipway. "Chatting and Cheating. Ensuring academic integrity in the era of ChatGPT." (2023).

158) Pastaltzidis, Ioannis, et al. "Data augmentation for fairness-aware machine learning: Preventing algorithmic bias in law enforcement systems." 2022 ACM Conference on Fairness, Accountability, and Transparency. 2022.

159) Rebooting A.I.: Building Aritificial Intelligence we can trust

160) Laapotti, Tomi, and Mitra Raappana. "Algorithms and organizing." Human Communication Research 48.3 (2022): 491-515.

161) Duque Lizarralde, Marta, and Hector Axel Contreras. "The real

인공 지능의 정책 결정 의존도의 허용 수준

이렇듯, 인공 지능은 여러 분야에서 인간의 업무를 대체할 가능성이 커지며, 그 업무의 질적 수준도 향상되고 있다. 공공 기관 특히 정부 업무에서도 어느 정도 인간의 정책 결정의 임무 부담을 줄여 줄 수 있을 것이다.[164] 다만, 어느 정도까지 인공 지능의 정책 결정을 허용할 것인가에 대하여는 아직은 시기 상조이자만[165] 명백한 하나의 기준점이 존재한다. 즉, 가치가 내재한 결정일수록, 최고 결정자의 결정일수록 인공 지능의 산출물은 판단 근거로 활용되고 최종 결정의 도구가 되기엔 인간 사회가 갖는 고유의 제약 요소들이 남아 있다.[166] 아주 궁극적인 인공 지능의 유용성을 제

role of AI in patent law debates." International Journal of Law and Information Technology 30.1 (2022): 23-46.

[162] Chikhaoui, Emna, and Saghir Mehar. "Artificial intelligence (AI) collides with patent law." Journal of Legal, Ethical and Regulatory Issues 23.2 (2020): 1-10.

[163] George, Alexandra, and Toby Walsh. "Artificial intelligence is breaking patent law." Nature 605.7911 (2022): 616-618.

[164] Cao, Shiye, and Chien-Ming Huang. "Understanding User Reliance on AI in Assisted Decision-Making." Proceedings of the ACM on Human-Computer Interaction 6.CSCW2 (2022): 1-23.

[165] Schemmer, Max, et al. "Should I follow AI-based advice? Measuring appropriate reliance in human-AI decision-making." arXiv preprint arXiv:2204.06916 (2022). Jakubik, Johannes, et al. "An Empirical Evaluation of Predicted Outcomes as Explanations in Human-AI Decision-Making." Machine Learning and Principles and Practice of Knowledge Discovery in Databases: International Workshops of ECML PKDD 2022, Grenoble, France, September 19?23, 2022, Proceedings, Part I. Cham: Springer Nature Switzerland, 2023.

[166] Duan, Yanqing, John S. Edwards, and Yogesh K. Dwivedi. "Artificial intelligence for decision making in the era of Big

시하는 경우167)는 상당 기간의 시점을 남겨 둔 시론으로 될 가능
성이 크다.168)

> **명제1**: 가치가 내재한 결정일수록, 인공 지능의 산출물은
> 판단 근거로만 활용 될 것이다.

> **명제 2**: 최고 결정자의 결정일수록, 인공 지능의 산출물은
> 판단 근거로만 활용 될 것이다.

제 4 절 집단 사고 (Group Think)

배경

정책 결정에 영향을 미치는 요인 중 집단 사고란 것이 있다. 사
실 이제는 여러 논자들에 의해 분야를 막론하고, 이 개념을 활용하
고 있는데, 막상 명확히 개념을 정리해 주지 못하고 지내온 면이
많고, 이러한 현상이 있다고 진단되었을 때의 해법은 무엇인지에
대하여 사실상 무방비 상태로 우왕좌왕하게 되는 것이 어느 사회나
유사한 현상이라 볼 수 있다. 이러다 보니, "집단 사고의 희생자"라

Data?evolution, challenges and research agenda." International
journal of information management 48 (2019): 63-71.
167) Singularity is near
168) LaGrandeur, Kevin. "How safe is our reliance on AI, and should
we regulate it?." AI and Ethics 1 (2021): 93-99.

고 프레임이 씌워지는 경우, 헤어 나올 방도가 적고, 비난만 뒤집어쓰는 넌센스 상황으로 귀결된다169)먼저 어빙 제니스가 최초로 저술 한 사례는 케네디 대통령 당시의 피그스만 사건에서 연유한다.170) 당시 미국 해병대는 쿠바 해안에 상륙전을 감행하는데, 작전 전에 주요 군 지휘관들을 모은 회의에서 각군 수뇌부가 이 작전의 성공에 대하여 아무런 의심도 제시하지 않았다는 것이다. 그래서 작전은 시행되었는데, 결과는 상륙한 병사들이 일출이후 해변에서 생포되는 참사가 일어났다. 최근에는 여러 다큐멘터리 필름에도 소개되고 있듯이. 모병 과정에서 쿠바 이민 2세들을 모집하고, 훈련했는데, 이들은 플로리다 지역 밀림 지역에서 훈련을 받았음에도 정예병과는 거리가 먼 상태였다는 점들이 매체에 소개되고 있다. 이들의 장점은 스페인어가 능통하다는 점이었다. 이들은 주력이 상륙한다는 동틀 때까지 버티는 계획을 갖고 있었다.171)

개념

집단사고에 대한 Janis의 정의는 "응집력이 높은 집단의 사람들은 만장일치를 추진하기 위해 노력하며 다른 사람들이 내놓은 생각들을 뒤엎으려고 노력하는 일종의 상태"이다. 즉, 집단이 응집적

---

169) Turner, Marlene E., and Anthony R. Pratkanis. "Twenty-five years of groupthink theory and research: Lessons from the evaluation of a theory." Organizational behavior and human decision processes 73.2-3 (1998): 105-115.
170) Irving Janis, Vuctims of Group Think 1973.
171) 이 사건은 1년 뒤 케네데 대통령이 쿠바 위기 초반에 이기의 심각성을 늦게 알아채는 데 기여하는 효과를 가져 왔다. 정 보기관 생성 자료의 신빙성에 대한 의구심을 가졌던 것으로 보인다.

일 때 나타난다. 관계를 중시하여. 결정을 내릴 때 그룹의 조화를 유지하는 것을 중시하여 집단 과정 연구자들 그룹 내 상호 호감 또는 동조를 자산으로 생각하여 응집적 집단이 비응집적 집단보다 각각의 목표 성취에 효과적이다. 라고 보는 편견에 사로 잡혀 있는 상태이다.172) 이에 대해 Janis는 "superglue"가 사람들은 정신작용을 교착시켜 버릴 수 있고, 정책결정과정에 구성원 간의 친밀함과 단결은 비판적 사고를 집단사고가 대체한다.173) 집단조화 추구는 불협화음을 만드는 논지를 생산하지 못하게 하는 경향이 있다고 보았다. 즉 Janis는 단결된 그룹의 의견일치 추구경향은 부적절한 결정의 원인일 수 있다고 확신했던 것이다.174)

주요 특징

제니스는 집단 사고 상화의 특징을 다음과 같이 제시한다.175)
Janis은 8대 집단사고의 증상 제시.
- 〈유형1〉. 집단 과신

---

172) Aldag, Ramon J., and Sally R. Fuller. "Beyond fiasco: A reappraisal of the groupthink phenomenon and a new model of group decision processes." Psychological bulletin 113.3 (1993): 533.

173) E. Griffin (Ed.) A First Look at Communication Theory (pp. 235 - 246). New York: McGrawHill

174) Janis, Irving L. "Groupthink." IEEE Engineering Management Review 36.1 (2008): 36.

175) Irving Janis (1973)., Victims of Group Think Mullen, Brian, et al. "Group cohesiveness and quality of decision making: An integration of tests of the groupthink hypothesis." Small group research 25.2 (1994): 189-204.

1. 무오류 환상 : "미군의 작전은 완벽하다." 쿠바는 적수가 못 된다. 이 논리를 챌린저 우주선 사고에 대입한 글에선 다음과 같이 적용한다. "나사 우주 프로젝트 중에 사망하고 없었고, 엔지니어의 O링 누출 사고가능성 제기에 대해선 항상 있어 왔던 위험이라고 취급하였다. 즉, 우리는 최고 전문가 집단이니 모든 것이 잘 될 거야"라는 환상을 가졌다.

2. 집단의 내재적 윤리에 대한 확신 : 구성원의 의도가 선하다고 전제하여, 안전하지 않다는 것을 입증하는 입장을 이질적으로 느꼈다. 피그스만 사례에 대입해 보면, 미군의 상륙이 실패할 것이라는 의심을 제기하는 것이 타당한가? 에 대하여 부담을 갖게 되었다는 의미가 된다.

- 〈유형2〉. 닫힘 마음

3. 집단적 합리화: 검토될 사항들은 모두 거쳤고, 최고의 전문가가 점검한 결과이므로 무오류성이 인정된다고 보았다. 전형적인 지반 사고의 징후이다.

4. 외부집단에 대한 고정관념: 피그스만 사례의 경우, 쿠바의 상황에 대한 고정관념이고, 챌린저호 사건에 대입한 글의 경우, NASA는 Thiokol 사 엔지니어를 근거 없이 낮게 평가하며 발사장의 기온이 11.6°C 이상이 될 때까지 연기해야 한다는 요구에 대하여 그럼 4월까지 발사를 기다려야 하느냐라고 NASA 측이 입장을 가진 것이 예이다. 176)

---

176) Janis, I. (1991). Groupthink. In E. Griffin (Ed.) A First Look at Communication Theory (pp. 235 - 246). New York: McGrawHill.

- 〈유형3〉. 균일성 압력

5. 자기검열: 챌린저 호 사건에 대한 대입의 경우, Thiokol사 엔지니어는 발사 연기 권고 대신, 낮은 기온이 두 O링에 부정적인 방향으로 영향을 줄 것이다.로 돌려 말하는 대신 직설적으로 했어야 하나, 반대 입장에서 강한 톤으로 제시하지 못하는 상황이 그 예가 된다.

6. 만장일치의 환상: 주요 군 고위직 인사들의 공감대는 만장일치로 인식되었다. 챌린저호 사건에서는 NASA 관료들은 Thiokol사의 발사 연기 이슈에 대해 상급자 보고를 안 했고, 발사준비팀은 침묵을 동의로 해석하였다.

7. 반대자에 대한 직접적 압력: NASA는 이미 3차례 연기한 바 있었고, Thiokol사 계획을 이어가지 못할까 하는 두려움이 존재했고, Thiokol사 회의에서 상임부대표가 기술 부대표에게 엔지니어입장에서 벗어나, 경영자 입장이 되라.고 충고를 하게 된다.

8. 정신적 경계자 자임: 챌린저 사례에서 리더의 심리 경호를 위해 최종결정자 Moore는 오링의 씰이슈에 대해 아예 모르고 있었다.

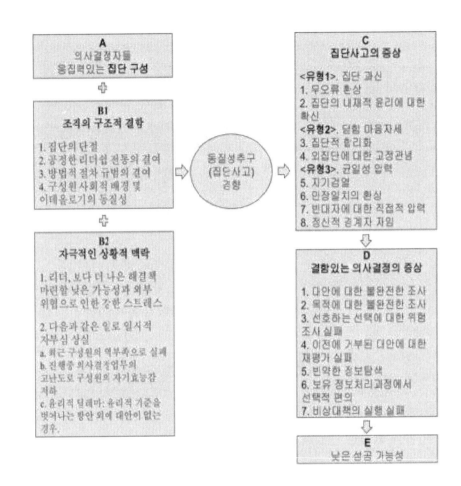

(그림 6) 집단 사고의 개념화

집단 사고의 이론적 특성: 유용성과 한계점

집단사고의 개념은 너무나도 활용하기가 용이하다. 그런데, 이 개념은 논리적으로 타당한 현상인지,177) 사람들은 무엇을 통해 집단 사고의 매력을 느끼게 되는지, 그리고 신뢰할 만한 근거가 없는 데도 불구하고 집단사고를 진행하는 이유가 무엇인지에 대하여 논해 볼 필요가 있다.178)

○ 동질성 추구에 지나치게 의존하고 있다.

사실 Janis가 집단 사고라는 용어를 만들기 전부터 응집력이 높은 집단 역학은 있었던 현상이며, 기존부터 발견된 현상을 그대로 이론으로 채택한 것이라는 한계가 있고, 이후에 이를 정확히 검증하려는 노력보다는 있는 그대로 수용하는 연구가 진행되어 온 점이 오히려 이 개념의 오남용을 키운 면도 있다. 179)

○ 잘못된 의사결정을 초래하는 기능 상 문제 있는 특성을 가진 집단이다. 그간의 연구 대상을 보면, 집단사고 특성을 갖추고 있다고 여겨진 집단의 선정 원인은 엄격한 연구보단 우연히 발생된 관찰, 일화, 직관적 경험에서 나왔고, 연구 상 집단사고의 변수들에 대한 엄격하고 완전한 분석이 없었다는 점이 한계인데, 따라서 일반화 가능성에 대한 제약이 따른다는 점이다.180)

177) Fuller, Sally Riggs, and Ramon J. Aldag. "Organizational Tonypandy: Lessons from a quarter century of the groupthink phenomenon." Organizational behavior and human decision processes 73.2-3 (1998): 163-184.
178) Organizational Tonypandy: Lessons from a Quarter Century of the Groupthink Phenomenon
179) Bertram H. Raven," Grpoup Think, Bay of Pigs, and Watergate reconsidered", Organizational Behaviour and Human Decision Processes. Vol 73. No.2/3 Feb/Mar. 1998 pp.352-361.
180) Grgic, Damir, and Janez Stare. "Interaction between Groupthink Predictors and Maintaining their Moderate Values." Eurasian Journal of Business and Management 10.3 (2022): 153-166.

○ 응집력이 강한 집단에서 비롯되는 바람직하지 않은 특성들의 집합이다.

대상이 되는 집단들은 일관적으로 부정적인 결과를 보인 적은 없거나 적었고, 응집력의 이점이 오랫동안 인정되어 온 면도 있어서 일반화가 용이치 않다는 점이다.

○ 잘못된 의사결정의 결과보다 앞선 의사 결정 과정에서 초래된 ˮ원초적인 죄ˮ

잘못된 과정을 거쳤기에 잘못된 결과가 나올 수밖에 없다는 것이 씌워진 누명이 되는데, 이 책의 후반부에 언급되는 카네만류의 인지 심리학에서 말하는 hindsight heuristics의 전형적인 예가 될 가능성이 큰 것이다.

○ 집단사고에 대한 부정적 시각과 계속 애용되는 배경

집단 사고 연구에 대한 비판은 경험적인 증거 부족, 이론의 결함(Longley and Pruitt, 1980)이나 모델과 모델 평가 방법에 대한 결함 등 다양하게 제시되어 왔다. 그럼에도 비록 부정확하지만 대중적인 이해도에 부합하므로 집단사고의 틀이 애용되게 되었다. 집단 사고의 경우가 아니라고 반박하고자 해도. 증거를 확신하지 못하므로, 집단 사고의 개념의 굴레를 벗어나기 어려워지는 것이다. 이후 이러한 결함에도 수십 년간 활용되어 왔고, 집단사고의 영향으로 집단으로부터 발생하는 인간의 장애(과잉 동조, 스트레스, 경계심 등)에 대한 연구가 지속적으로 실행된 점은 파생적 효과로 볼 수 있을 것이다.

제5절 성공의 덫: 정책학과 조직론의 교차점에서 얻는 제약요인

행정학 분야에 널리 알려진 James G. March는 일찍이 competence trap이라는 용어를 이론화하였다. 마치의 이론은 여러 분야에서 활용되고 있는데, 쉽게 이해가 되는 개념을 소개해 보면 컨피턴스 트랩 또는 성공의 덫은 환경 변화에도 불구하고 과거의 성공 공식에 집착케 된다는 상황인데, "A competency trap is a false belief that your past principles, ideas, mental models will continually lead to future successes and better judgment. It's a tendency to rely on familiar tools skills or routines without measuring their effectiveness now and in the future"[181] 즉, 당신 (당신이 조직)의 이전 시기의 원칙, 아이디어, 정신적 모델이 미래의 성공과 더 나은 판단을 계속적으로 줄 것으로 믿는 잘못된 믿음으로 현대적으로 번역될 수 있다.

사실 제임스 마치는 행정학뿐 아니라 경영학 분야에서도 조직론 분야에 큰 영향을 주었고, 경영하에선 활동적 타성(active inertia)으로 발전되기도 하였다.[182] 유사한 개념으로 Sull은 활동적 타성의 특징을 4가지로 제시하였는데, 활동적 타성에 사로 잡

---

181) https://www.theladders.com/career-advice/the-competency-trap-how-smart-people-sabotage-their-careers
182) Donald N. Sull, "Why good companies go bas", Harvard Business Review July-August, 1999

힌 조직을 Victims of Active Inertia로 표현하였다.[183] 설의 책과 논문에 등장하는 대표적인 사례는 타이어 회사인 파이어 스톤과 의류 업체인 로라 애슐리인데, 이들의 입지는 매우 안정적으로 보여, 그들의 몰락을 예견하기는 쉽지 않았을 것으로 보인다.

눈가리개가 된 전략적 준거틀

전략적 준거틀은 조직을 이끄는 큰 기둥이 되지만, 준거틀에 속한 목표들에 집중하게 하여, 다른 변화를 놓치게 되는 우를 범하게 한다는 것이다. 파이어 스톤사는 주 경쟁사인 프랑스의 미쉘린 타이어가 레이디얼 타이어로 중심을 옮겨 가는 것을 알았으나, 미국 내 시장에 집중한 준거틀로 인하여 중요한 상황 변화를 놓친 실책을 범한 것으로 해설되고 있다.

업무 방식의 고착화

조직의 업무 처리 방식 상의 강점은 문서화이다. 베버의 관료제 이론 으로 축적되어 온 장점인데, 문제는 업무 방식의 체제가 비대해지고 고착될 가능성이 있다는 점이다. 설은 1990년대초 반 기준으로 맥도널드의 업무 규정을 예시로 들고 있다. 당시 이 회사의 업무 규정은 750 페이지에 이르는 분량이 되었고, 그때까지는 승리의 공식으로 자리 매김한 것으로 보여졌다. 이후 맥도널드는 경

---

[183] Sull, Donald Norman, Revival of the Fittest :Why Good Companies Go Badand How Great Managers Remake Them,. Harvard Business School Press, 2003.

쟁사와의 치열한 경합으로 체질 개선에 매진하게 된다.

관계의 족쇄화

성공적인 조직은 그 조직의 고객들과 원만한 관계를 설정하고 유지한다. 문제는 상황의 변화에 따라서 기존에 정립된 관계들이 변화를 수용치 못하는 제약 요인으로 작용하게 될 수 있다는 점이다.

독단이 된 가치

성공하는 조직들은 대개는 신념화된 가치를 지니고 있다. 이러한 가치의 존재는 의심할 여지없이 의미를 지닌다. 문제는 이 가치들이 지나치게 화석화되는 것을 방지할 수 있어야 하는데, 이것을 제약 요소로 지적하는 것이 쉬운 것과 반대로 이 변화의 필요성을 인지하고 실천하는 것은 극도로 어렵다.

논의의 종합

집단 사고 이론은 조직 내 의사결정의 합리성에 대한 의구심을 제시하였고, 상당히 유용한 개념을 인식되어 왔다. 그럼에도 이 개념은 일반화의 한계로 인하여, 적용상의 한계를 지니며, 해법이 특별히 거명되기 어렵다는 것이 난점으로 볼 수 있다. 특히 단기적 관점에서 이를 벗어나기가 쉽지 않을 수 있다. 활동적 타성의 경우도 정책 결정의 합리성이나 타당성을 제약하는 요인이 된다. 그런데, 가장 문제가 되는 점은 이러한 문제가 있는 것을 알기 어렵거나, 알아도 수정하는 계기가 마련되는 것이 쉽지 않다는 점이다.

제5장 정책결정 상의 인지적, 제도론적 제약

제1절 주요한 제약 요인들

우리의 정책 결정이나 의사 결정은 대니얼 카네만(2011)이 제시하듯이 분석을 담당하는 시스템 2가 아니라 직관에 의존하는 시스템 1에 의존하는 경향이 크다. 우리 인간이 시스템 1의 도움으로 성급한 결론을 내리는 것은 우리 인간의 인지적 한계와 가장 효율적인 의사결정을 하고자 하는 우리의 욕구의 결과일 것이다.184) 만약 합리 모형에서 말하는 종합적인 탐색(comprehensive search)을 아주 짧은 시간에, 예를 들어 인공 지능의 도움으로, 적은 노력과 비용으로 가능하다면 우리의 시스템 1 의존과 가용성 편향은 줄어들 것이다. 만약 이렇게 된다면 인간의 직관, 선입견에 근거한 정책 결정 상의 오류도 감소할 가능성이 있다.

그러나 인공지능은 인간의 불완전성을 보완해 줄 수 있으나 완전히 대체하거나 제거하지는 못할 것이라는 입장도 상당 시간 논쟁의 대상으로 남을 것이다.185) 이러한 인간의 성향을 불완전성이 아니라 변덕스러움이라고 칭할 수도 있을 것이다. 즉, 사회 과학에

---

184) Daniel Kahneman, Thinking fast and slow, 2011
185) Ameen, Saleem, et al. "AI and Clinical Decision Making: The Limitations and Risks of Computational Reductionism in Bowel Cancer Screening." Applied Sciences 12.7 (2022): 3341.
   Walton, Paul. "The limitations of decision-making." Information 11.12 (2020): 559.

서 말하는 선호가 변화할 가능성이 존재한다. 주식투자를 예를 들면 주가를 예측하는 인공지능이 아무리 발달하더라도 최종적으로 결정하는 인간은 여전히 불완전하므로 그 시스템도 정확히 예측하는 것은 영원히 불가능할 것이다. 특히 우리가 정책 결정론에서 주목하고 있는 결정은 본질적으로 가장 근원적인 기계가 대처하기 어려운 고유의 결정 상황에 초점이 두어져 있다고 보는 것이 타당할 것이다. 즉, 인공 지능에 의한 각종 데이터의 분류, 상당한 수준까지의 분석과 시사점이 도출되고, 대안이 압축된 상황일지라도 마지막 단계에서 A와 B간의 선택을 해야 하고 그 파장에 대한 분석이 인공 지능에 의해 마련되어 있다 하더라도[186] 중요한 결정일수록 결정의 부담은 감소하지 않을 것이다.[187] 이제 이장에서는 카네만과 그의 후학들에 의해 정리된 주요한 인지적 제약 요인들을 살펴 본다.

왜 인간은 합리적이지 않은 선택을 할까. 인간 내면의 어리석음을 무시한 채 이성만을 탐구한다면 결코 인간을 온전히 이해하기 어렵다. 주류 경제학에선 인간이 기대효용을 극대화하기 위해 항상 냉철하고, 이성적으로 판단하는 존재라고 가정함으로써 현실 사회의 경제 문제에 대한 완벽한 설명을 해주고 있지는 못한 것이

---

186) Goodman, Bryce. "Hard Choices and Hard Limits in Artificial Intelligence." Proceedings of the 2021 AAAI/ACM Conference on AI, Ethics, and Society. 2021.
187) Wu, Junyi, and Shari Shang. "Managing uncertainty in AI-enabled decision making and achieving sustainability." Sustainability 12.21 (2020): 8758.

현실이다. 대니얼 카네만 교수이 제시하고 있는 내용은 사실 행정
학이나 경영학 분야에 널리 소개되어 온 허버트 사이먼, 그리고 이
후에 제도 경제학에 의해 계승된 '인간의 제한된 합리성'의 논점을
상세하게 발전시키고 있다. 대니얼 카네만은 심리학자로서 고전경
제학의 한계를 심리학적으로 보완해 행동경제학이라는 새 지평을
열었다. 제한된 합리성으로 경제활동을 하는 인간 행동을 탐구하
는 틀을 마련한 것이다.

「생각에 관한 생각」

행동경제학의 창시자인 카네만은 인간의 모든 행동과 생활, 즉
삶의 근원을 이루는 생각을 크게 두 가지로 구분한다. 직관을 뜻하
는 '빠르게 생각하기'와 이성을 뜻하는 '느리게 생각하기'다. 빠른
직관과 느린 이성이 충돌하는 순간 전자가 승리하는 경우가 더 많
기 때문에 종종 어리석은 선택으로 이어진다. 직관적인 시스템은
자동적으로 빠르게 작동하며, 이성적인 시스템은 자발적인 통제력
을 가지고 느리게 작동한다. 직관적인 시스템이 반드시 판단과 선
택의 오류를 범하는 것은 아니지만 카네만이 제시한 수많은 사례
와 실험은 빠르게 작동하는 직관적 시스템이 이성적 시스템에 의
하여 통제되지 않는다면 오류를 범할 수 있음을 설명한다. 저자는
"편향의 오류에 빠지지 않으려면 직관의 속도를 늦추고 뒤따라오
는 이성에게 도움을 적극적으로 요청하라"고 조언한다.

카네만은 먼저 판단과 선택에 두 시스템이 미치는 영향의 기본
원리를 제시한다. 시스템1은 자연스러움, 감각·직관, 감정, 자동

등을 의미하고, 시스템2는 의식적 집중, 부자연스러움, 즉 이성을 의미한다. 일상적 생각, 행동의 대부분은 시스템1이 관할하고, 상황이 복잡하거나 별도의 사고가 요구될 때는 시스템2가 주도한다. 대체로, 사람들은 편의상 자신의 직관(시스템1)에 지나치게 의존하고, 직관의 진위를 확인하려는 추가적 노력을 기울이지 않는다. 조금만 주의를 기울이면 직관의 오류를 줄일 수 있지만, 대체로 시스템2가 작동하도록 허용하지 않는다.[188] 다시 말해, 사람들은 수집한 모든 정보를 바탕으로 합리적인 결정을 내릴 것처럼 보이지만 실제로는 전혀 다른 선택을 한다고 말한다. 직관적인 시스템1이 커다란 영향력을 발휘해 매 순간의 판단과 선택을 은밀하게 조종한다는 것. 선택 문제들의 비논리적 특징에 영향을 받는 '프레이밍 효과', 문제의 한 단면이 종합 평가에서 큰 자리를 차지한다는 '초점착각' 등 심리연구들을 동원한다.[189]

시스템1과 연결된 일례는 시각적으로 먼저 제시된 단어가 나중에 제시된 단어의 처리에 영향을 주는 '점화효과', 첫 번째 인상이 이후에 나오는 정보를 약화시키는 '후광효과', 낯익음(반복)이 호감으로 연결되는 '노출 효과' 등이다. 본서는 '인지적 편안함'도 시스템1의 대표적인 오류로 소개하면서 인지적 편안함이라는 '인상(시스템1)'에 따라 판단할 경우, 필연적으로 착각(편향된 믿음)이 발생한다는 점을 지적한다. 친숙함이라는 '인상'은 진실과 쉽게 구

---

188) Kahneman, Heuristics. "Biases: The Psychology of Intuitive Judgment."
189) Slovic, P., et al. "The Affect Heuristic. i T. Gilovich, D. Griffin, & D. Kahneman, Heuristics and Biases (s. Chapter 23)." (2002).

분되지 않기 때문이다. 인지적 편안함을 주는 방법은 읽기 쉽게, 알기 쉽게, 즉 간결하고 명료한 문장으로 제시하는 것이다. 이 때, 시스템1이 빠르게 판단하여 시스템2로의 전환을 막는다. 여기에 'WTSIATI(What you see is all there is)' 즉, 네가 보는 것이 세상의 전부이다. 우리는 인지적 편향이 내재된 존재라는 점이다.

이어서 카네만은 판단 휴리스틱의 다양한 현상과 그로 인한 인지적 편향을 자세히 소개한다. 휴리스틱은 시간이나 정보가 불충분하여 합리적인 판단을 할 수 없거나, 굳이 체계적이고 합리적인 판단을 할 필요가 없는 상황에서 신속하게 사용하는 어림짐작이다. 첫째, 앵커링 효과는 처음에 인상적이었던 숫자나 사물이 기준점이 되어 그 후의 판단에 왜곡 혹은 편파적인 영향을 미치는 현상이다. 둘째, 가용성 휴리스틱은 사실상 '기억의 용이성'을 뜻한다. 즉, 어떤 문제나 이슈에 직면했을 때, 당장 머릿속에 잘 떠오르는 것에 의존하거나 그걸 중요하다고 생각하는 경향을 말한다. 즉, 자신의 경험에 비춰 익숙하고 쉽게 떠올릴 수 있는 것들로 세계에 대한 이미지를 만드는 것이다. 셋째, 감정 휴리스틱은 감정이 의사 결정을 좌우하는 현상이다. 사람들은 자극에 노출되면 인지 반응보다 먼저 정서적 반응이 야기되는데, 이들 반응은 자동적으로 일어나며 이후의 판단을 유도한다. 넷째, 대표성 휴리스틱은 새로운 상황이 자신이 경험했던 고정관념과 얼마나 유사한지를 기초로 주관적인 확률 판단을 하는 현상이다. 이에 따르면, 사람들은 어떤 대안이 현실에서 일어나는 기저율을 무시하거나 과소평가하는 경향이 있다.

카네만은 인간의 과도한 자신감과 무지, 불확실성을 이해하지 못하는 무능력에 기인한 통계적 사고의 어려움을 지적한다. 사람들은 대체로 자신이 세상을 잘 안다고 과대평가하는 반면, 사건에 개입된 우연과 운의 역할은 과소평가하는 경향이 있다.190) 이처럼 휴리스틱은 많은 한계를 갖고 있지만, 여전히 휴리스틱이 인간의 판단을 지배하는 이유는 틀린 답보다는 맞는 답을 많이 내며, 득실을 따져보면 시간과 에너지를 아껴주기 때문이다. 주장의 중심에는 인간의 뇌가 있다. 매우 비효율적일 수 있는 뇌 말이다. 뇌의 무게는 체중의 2% 정도이지만 기초 대사의 20%를 소모하므로 뇌는 가능한 한 직관적인 시스템(시스템1)으로 정보를 처리하고, 에너지를 많이 소모하는 의식적 시스템(시스템2)의 부하는 줄이려 한다는 것이다. 자신의 능력을 과대평가하는 '낙관주의적 편향'에 대한 설명도 주목할 만하다. 기업인을 포함해 사람들은 대개 자신이 다른 사람보다 우위에 있다고 믿는다. 미국 중소기업들이 5년간 생존할 확률은 35% 정도지만, 기업인들은 자신이 운영하는 기업의 성공 확률이 60%는 된다고 생각한다는 것. 운전사의 90%는 자신이 평균 이상으로 운전을 잘한다고 생각한다는 조사 결과도 '착각적 우월성'을 보여주는 사례다. 카네만 교수는 직관적 사고과정에서 비롯되는 이런 오류들을 막기 위한 방법도 제시한다. 첫째, 인지적 지뢰밭에 있다는 신호를 인식해 사고의 속도를 줄이고 시

---

190) Murray, John, et al. "Sample-size salience and statistical inference." Bulletin of the Psychonomic Society 25 (1987): 367-369.
Kahneman, Daniel, et al., eds. Judgment under uncertainty: Heuristics and biases. Cambridge university press, 1982.

스템2에 더 많은 도움을 요청하라는 것이다. 또 개인보다 천천히 생각하고, 질서정연한 절차를 부과하는 힘을 갖춘 조직이 오류를 더 잘 피할 수 있다고 주장한다.

전망이론191)

카네만의 이론 중 전망 이론은 일련의 실험적 관측을 통해 결과 자체가 아닌 전망(즉, 예상, 구상)과의 괴리에 따라 결정된다는 사실을 밝혀냈다. 사람은 의사결정을 할 때 마음속으로 준거점을 설정하고, 그 결과물이 높은지, 낮은 지를 판단한다. 기준점 이상의 수익에 대하여 반면 확률에 대한 반응도 비선형적이다. 결론적으로, 이성적 인간이 가정한 기대효용 이론은 주류 경제학에 속하는 규범적 경제학이고, 전망 이론은 행동경제학에 속하는 실증적 경제학으로 사람들이 실제로 어떻게 해야 하는지를 묘사한다.192)

시스템1의 작동 원리로 보아야 하는 이 세 가지 특징은 다음과 같다.

첫째, 평가는 '적응 수준'이라고도 불리는 중립적 준거점과의 비교에서 나오고, 둘째, 민감성 감소 원칙은 감각에도, 부의 변화 평가에도 모두 적용된다. 세 번째는 손실 회피 원칙으로 이익과 손실

---

191) Kahneman, Daniel. "Prospect theory: An analysis of decisions under risk." Econometrica 47 (1979): 278.
192) Kahneman, Daniel, and Amos Tversky. "Prospect theory: An analysis of decision under risk." Handbook of the fundamentals of financial decision making: Part I. 2013. 99-127.

이 뒤섞인 도박에서 손실 회피 성향 탓에 리스크를 회피하는 선택을 한다. 확실한 손실과 확실치는 않지만 그보다 더 큰 손실을 비교해야 하는 안 좋은 옵션만 있을 때는 민감성 감소 성향 탓에 위험 부담을 떠안는 선택을 한다.

평균으로의 회귀

우리 의 뇌는 인과관계 설명에 지나치게 편향되어 있어서 통계와 관련된 사실'은 잘 다루지 못한다. 어떤 사건에 집중하면 연상 기억이 원인을 찾으려 하지만, 평균회귀를 하는 상황에서 회귀보다 잘못된 귀인을 하게된다.[193]

즉, 시스템1 시스템2 모두 인과관계 해석에 대해서만 중요하게 생각하기 때문에 인과관계가 없는 회귀에 이해를 하기 어려운데, 이를 극복하는 것이 정책 결정의 품질을 제고하는 데에 긴요하다고 할 수 있다..[194]

「넛지」

"넛지"란 어떠한 선택을 금지하거나 인센티브를 훼손하지 않으면서 인간 행동에 대한 이해를 바탕으로 원하는 결과를 얻어내는

---

[193] Maital, Shlomo. "Daniel Kahneman: on redefining rationality." The Journal of Socio-Economics 33.1 (2004): 1-14.

[194] Kahneman, Daniel. "Control of spurious association and the reliability of the controlled variable." Psychological Bulletin 64.5 (1965): 326.

힘이자 똑똑한 선택을 유도하는 부드러운 힘을 말한다. 넛지는 행동경제학의 성과를 활용하여 경제, 사회 등 현실 사회의 문제를 해결하고 실생활에서의 수많은 결정을 합리적으로 내릴 수 있는 새로운 접근법이다. 195) 개인투자에서부터 자녀교육, 식생활, 자신이 옹호하는 신념에 이르기까지, 인생을 살면서 수많은 사항들에 대해 수시로 결정을 내려야 하지만, 부적절한 선택을 하는 경우가 많다고 이야기한다. 이 이론에 따르면, 현실 사회의 인간은 경제학이 가정하는 합리적 인간과는 달리 비합리적인 사고와 행동특성으로 인해 부적절한 선택을 할 가능성이 높다. 인간이 실수를 반복하는 이유가 갖가지 편견 때문이라며, 사람들이 체계적으로 틀리는 방식을 연구해 현명한 선택을 이끌어 내는 방법을 다양한 예를 통해 알기 쉽게 설명한다.

이 이론은 「생각에 관한 생각」과 유사하게 인간의 두 가지 사고방식을 전제한다. 시스템1에 해당하는 자동시스템과 시스템2에 해당하는 숙고시스템을 말한다. 마찬가지로 경험법칙, 비현실적 낙관주의, 손실기피, 현상유지 편향 등 「생각에 관한 생각」에서 다룬 인지적 편향을 간략히 소개한다. 이러한 편향에 의해 사람들은 타인들에 의해 쉽게 넛지를 당한다고 설명한다. 동료집단이 자신을 어떻게 평가할 지에 관한 압력뿐 아니라 다른 사람들에 대한 정보만으로도 영향을 받을 수 있다는 것. 영향력 있는 사람들의 적절한 행동에 대한 정보를 전달함으로써 유사한 효과가 발생할 수 있다.

---

195) Hausman, Daniel M., and Brynn Welch. "Debate: To nudge or not to nudge." Journal of Political Philosophy 18.1 (2010): 123-136.

개 사진을 고양이라고 주장하는 실험에서 피실험자의 20~40%가 동조했다는 사례를 언급한다. 사회적, 정치적 또는 가치판단 관련한 질문의 경우 동조비율은 훨씬 높아진다고 주장한다. 다른 사람들이 자신의 행동을 크게 주목한다고 생각하는 '조명효과'도 쉽게 넛지를 당하는 원인 중 하나이다. 나아가, 영향을 가할 의도가 전혀 없는 사람들에 의해서도 영향을 받기도 하는데 예로, 함께 식사할 경우 혼자 먹을 때보다 35%, 4명이 함께 할 경우 75%, 7명이 함께 할 경우 96% 더 먹는다는 실험결과가 있다.

저자는 '넛지가 필요한 순간'으로 자유시장이 문제를 해결하지 못할 경우를 꼽는다.

이때, 선택설계자는 규제나 강제 대신에 넛지라는 자유주의적 개입 혹은 간섭을 통해 바람직한 방향이나 피해를 줄 수 있는 악의적인 방향으로 선택을 유도할 수 있다. 예로, 식당에서 음식의 위치를 바꿈으로써 좋은 음식의 소비를 25% 이상 촉진할 수 있고, 선거전날 투표할 의향을 묻는 것만으로 투표율 25% 이상 제고할 수 있다고 한다. 이렇듯 엄격한 규제와 자율방임 사이에서 넛지를 통해 '선택의 자유'를 증진하면서도 비합리적 선택의 폐해를 줄이는 것이 가능하다. 즉, 인간의 사고방식과 사회의 작동원리를 바탕으로 의사결정을 효율화할 수 있다. 이 이론의 결론은 인센티브와 넛지를 적절히 배치·활용함으로써 삶의 질을 향상시키고, 많은 사회문제를 해결할 수 있다는 것이다.

인간의 정책결정과정에 관여하는 인지심리학적 기반에 비춰보면, 본서의 논지인 '인간은 제한된 합리성을 바탕으로 사고하는 존재'라는 점이 시사하는 바가 크다. '제한된 합리성'이란 일관된 이성적 사고와 반대되는 개념이다. 즉, 인간의 행동은 주변 환경, 기분, 다른 사람의 말 등 이성적 판단과 관계없는 요인에 영향을 받는다는 의미이다. 이와 관련하여, 인간의 '제한된 합리성'에 기초한 정책결정모형인 '만족모형'과 '점증모형'을 앞의 장에서 살펴보았다. 정책결정모형은 정책의제 형성 이후 정책목표 달성을 위해 정책대안을 탐색·분석·채택하는 일련의 과정을 유형화한 모형이다.

행동 경제학은 기존 경제학의 전제를 의심하는 데서 시작한다. 일반 경제학 이론은 사람들을 이성적이며, 합리적인 이코노미쿠스라 가정하나, 실재하는 인간은 무수히 많은 허점을 지닌 예측불허의 존재이다. 두 저자는 결정적인 의사결정의 순간에 인간의 행동을 잘못된 방향으로 유도하는 근본적인 이유에 주목해 왔으며, 그로부터 행동경제학이 발전했다. 행동경제학의 강점은 인간의 불완전한 특성을 기반으로 기발한 방식의 해결책을 제시한다는 점이다. 개인의 일상적인 의사결정부터 비즈니스, 공공정책에 이르기까지 그 적용범위 또한 제한이 없다.

정부 정책의 수용성을 보다 높이고, 공공선을 증진하기 위해서는 정책의 최종 수요자인 일반 시민의 인식과 행태를 제대로 이해해야 한다. 즉, 정책 수요자의 '비합리적인 편향'을 고려하면서 정책가의 '비합리적인 편향'을 극복하고, 합리적인 정책결정과 집행을 지원하는 시스템이 필요하다. 이때, 정책결정자는 사소해 보이는 사회적 상황들이 사람들의 행동에 막대한 영향을 미칠 수 있음을 주지해야 한다.

.

제2절 제도 경제학의 맥락

초견에는 제도 경제학의 논점들이 이 책에서의 정책 결정의 제약 요소와 무관한 것처럼 보일 수 있다. 그러나 다음의 전개를 보면 관련성을 인지하게 된다. 앞서 살펴본 카네만과 그의 후학들이 이루어낸 인지 심리학과 행동 경제학의 연계에서 원류를 찾아가 보면, 허버트 사이몬의 만족 모형에 소개되는 제한된 합리성(Bounded Rationality)196)의 가정이라는 공통분모를 찾게 된다. 제도경제학도 그 원류를 찾아가 보면 사이몬의 제약된 합리성에 닿아 있다.

제도 경제학의 핵심 개념인 거래 비용의 개념화에서 제한된 합리성의 개념을 더 넓게 보면, 더글라스 노스의 제도경제학197), 진화 경제학198), 그리고 행동 경제학과도 접점을 모색할 수 있다.

---

196) March, J.G. and Herbert Simon(1958). Organizations. NewYork Wiley.

197) Douglas North, North, Douglass C. "Institutional change: a framework of analysis." Social rules. Routledge, 2018. 189-201. Douglas North, Institutions, Instituional Change,and Economic Perforance. Cambridge University Press 1990.

198) Mirowski, Philip. "An evolutionary theory of economics change: A review article." Journal of Economic Issues 17.3 (1983): 757-768.

제도 경제학에선 합리성의 제약 상황을 거래 비용의 발생으로, 그리고 귀인도 거래 비용의 발생 원인을 찾는 방식으로 설명하고 있는 것이다.

제6장 결론

　이 책을 통하여 인공 지능이 정부나 공공 기관에 활용될 변화가
나타나는 시기에 정책 결정의 이론들을 검토하여 보았다 특히, 다
른 사회과학과 정책학, 행정학 이론들 간의 유기적인 관계가 있음
에도 분절적으로 나뉜 커리큘럼이나, 각 이론들의 등장 시기가 상
이하여 이론들간의 연계성면에서 이해하기 어려웠던 점을 저자가
이해해 온 기반 위에서 쉽게 정리해 보고자 하였다.

　정책 결정은 합리성의 추구를 포기할 수는 없다. 만일 합리성의
추구를 포기한다면, 우리의 정책 개선은 의미를 잃게 되기 때문이
다. 그러나 동시에 합리성의 맹목적 추구도 여러 이론과 실례들을
통해 볼 때 달성키 어려운 moon shot임을 볼 수 있었다. 아무쪼
록 이 책이 여러 그룹의 독자들에게 이론에 대한 접근도를 높이는
데 기여하기를 바라본다.

참고문헌

1. 국내문헌

김동환. "지식정보 공간의 등장과 정보통신정책 패러다임의 변화." 한국 공공관리학보 12 (1998): 317-334.

김영대. "계층화 분석과정 (AHP) 에 의한 개인정보 보호정책의 중요도 분석." 정책분석평가학회보 6.1 (1996): 147-165.

니콜라스 카, 생각하지 않는 사람들 청림출판 2011.

서혜란. "한국 공공기록관리 정책의 연대기적 검토." 한국기록관리학회지 9.2 (2009): 189-214.

송희준. "정보화정책의 역사적 성찰과 향후 과제." 한국지역정보화학회지 11.1 (2008): 1-15.

연승준, 박상현, 김상욱. "표준시스템 정책의 동태적 영향분석." 한국시스템다이내믹스연구 3.2 (2002): 93-112.

유영철. "IT 정책품질관리제도에 관한 연구: 정보통신부의 GPLCS 고도화 전략을 중심으로." 한국지역정보화학회지 9.2 (2006): 1-32.

유평준, 김도훈, and 유병욱. "행정전산화에 따른 행정조직상의 변화분석: 컴퓨터의 영향에 대한 공무원들의 인식조사를 통해." 한국행정학보 28.4 (1994): 1371-1386.

장환영. "한국의 스마트시티 정책흐름과 향후 과제." 한국산학기술학회논문지 19.6 (2018): 507-518.

정진우. "우리나라의 지역정보화 조직에 관한 연구." 한국지역정보화학회지 15.4 (2012): 71-87.

최창학. "한국의 전자정부 정책의 현재와 미래." 정보과학회지 22.11 (2004): 5-12.

한세억. "지방정부의 U-City 전략과 정책: 제도주의 관점." 한국지역정보
화학회지 11.1 (2008): 181-206.
허상수. "한국 정보통신기술의 사회적 형성: 행정전산망용 주전산기 개발
사례." 한국사회학 39.1 (2005): 167-193.

2. 국외문헌

Adams, Bruce and Stephen Ottley, "Brain Simulation," 2000,
available at www.cybernetics.demon.co.uk/brainsim.html
Aagaard, Jesper. "Multitasking as distraction: A conceptual
analysis of media multitasking research." Theory &
Psychology 29.1 (2019): 87-99.
Ahadi, Hamid Reza. "An examination of the role of
organizational enablers in business process reengineering
and the impact of information technology." Information
Resources Management Journal (IRMJ) 17.4 (2004): 1-19.
Akter, Shahriar, et al. "Algorithmic bias in machine
learning-based marketing models." Journal of
Business Research 144 (2022): 201-216.
Alcover, Carlos-Maria, et al. ""Aging-and-Tech Job Vulnerability": A
proposed framework on the dual impact of aging and AI,
robotics, and automation among older workers."
Organizational Psychology Review 11.2 (2021): 175-201.
Aldag, Ramon J., and Sally R. Fuller. "Beyond fiasco: A
reappraisal of the groupthink phenomenon and a new
model of group decision processes." Psychological
bulletin 113.3 (1993): 533.
Alexopoulos, Charalampos, et al. "A framework of open
government data (OGD) e-service quality dimensions

with future research agenda." Records Management Journal (2023).

Allison, Graham. T. Essence of Decision, Pearson Publication Inc. Subsequent edition 1999., 1971

Alon-Barkat, Saar, and Madalina Busuioc. "Human?AI interactions in public sector decision making:"automation bias" and "selective adherence" to algorithmic advice." Journal of Public Administration Research and Theory 33.1 (2023): 153-169.

Alonso, William. 1964. The Historic and the Structural Theories of Urban Form: Their Implications for Urban Renewal. Land Economics. 46(2): 227-231

Ameen, Saleem, et al. "AI and Clinical Decision Making: The Limitations and Risks of Computational Reductionism in Bowel Cancer Screening." Applied Sciences 12.7 (2022): 3341.

Bandaranayake, I. W. N., K. K. K. Sylva, and K. M. A. K. Kulatunga. "Investigation of Process Re-engineering on Jobshop Environment: A Case Study on Engineering Faculty Workshop." 2018 International Conference on Production and Operations Management Society (POMS). IEEE, 2018.

Banker, Rajiv D., et al. "CIO reporting structure, strategic positioning, and firm performance." MIS quarterly (2011): 487-504.

Belabbes, Mohamed Amine, et al. "Information overload: a concept analysis." Journal of Documentation 79.1 (2023): 144-159.

Belmiro, Tania R., et al. "Are BPR practitioners really addressing business processes?." International Journal of

Operations & Production Management 20.10 (2000): 1183-1203.

Bertram H. Raven," Grpoup Think, Bay of Pigs, and Watergate reconsidered", Organizational Behaviour and Human Decision Processes. Vol 73. No.2/3 Feb/Mar. 1998 pp.352-361.

Bhatnagar, Subhash. E government: From Vision to Implementation. Sage Publications. 2004

Bloom, David E., and Tarun Khanna. "The urban revolution." Finance and Development 44.3 (2007): 9-14.

Bosso, C.J., Kay, W.D.. Advocacy Coalitions and Space Policy. In: Sadeh, E. (eds) Space Politics and Policy. Space Regulations Library Series, vol 2. Springer, Dordrecht. 2004

Brown, Dorothy A. "The Invisibility Factor: The Limits of Public Choice Theory and Public Institutions." Wash. ULQ 74 (1996): 179.

Buchanan, James M., and Gordon Tullock. "What is public choice theory." Rationalizing capitalist democracy: The cold war origins of rational choice liberalism 133 (2003).

Buchanan, James M., and Robert D. Tollison, eds. The Theory of public choice--II. University of Michigan Press, 1984.

Buchanan, James M. "The public choice perspective." Journal of Public Finance and Public Choice 1.1 (1983): 7-15.

Bush, Vannevar. "As we may think." The atlantic monthly 176.1 (1945): 101-108.

Callahan, Angelina L., Satellite meteorology in the cold war era: scientific coalitions and international leadership 1946-1964 Georgia Institute of Technology, Dissertation 2013

Cao, Shiye, and Chien-Ming Huang. "Understanding User Reliance on AI in Assisted Decision-Making." Proceedings of the ACM on Human-Computer Interaction 6.CSCW2 (2022): 1-23.

Carey, Bryan. "Business process reengineering in a Six Sigma world." Retrieved May (2007).

Carr, Nicholas. The shallows: How the internet is changing the way we think, read and remember. Atlantic Books Ltd, 2010.

Carter, Michelle, Varun Grover, and Jason Bennett Thatcher. "The emerging CIO role of business technology strategist." MIS Quarterly Executive 10.1 (2011).

Carter, Lemuria, Victoria Yoon, and Dapeng Liu. "Analyzing e-government design science artifacts: A systematic literature review." International Journal of Information Management 62 (2022): 102430.

Castro, Conceicao, and Cristina Lopes. "Digital government and sustainable development." Journal of the Knowledge Economy 13.2 (2022): 880-903.

Chen, Rui. "The Eighth Stage of Information Management: Information Resources Management (IRM) vs. Knowledge Management (KM), and the Chief Information Officer (CIO) vs. the Chief Knowledge Officer (CKO)." International Forum on Information and Documentation. Vol. 23. No. 1. 1998.

Chen, Kaiping, et al. "A critical appraisal of equity in conversational AI: Evidence from auditing GPT-3's dialogues with different publics on climate change and Black Lives Matter." arXiv preprint arXiv:2209.13627

(2022).

Chikhaoui, Emna, and Saghir Mehar. "Artificial intelligence (AI) collides with patent law." Journal of Legal, Ethical and Regulatory Issues 23.2 (2020): 1-10.

Chun, Mark, and John Mooney. "CIO roles and responsibilities: Twenty-five years of evolution and change." Information & management 46.6 (2009): 323-334.

Coeckelbergh, Mark. "Three responses to anthropomorphism in social robotics: Towards a critical, relational, and hermeneutic approach." International Journal of Social Robotics 14.10 (2022): 2049-2061.

Cohen, Michael D., James G. March and Johan P. Olsen, "A Garbage Can Model of Organizational Choice", Administrative Science Quarterly Vol. 17, No. 1 (Mar., 1972), pp. 1-25

Cotton, Debby RE, Peter A. Cotton, and J. Reuben Shipway. "Chatting and Cheating. Ensuring academic integrity in the era of ChatGPT." (2023).

Courage, Mary L., et al. "Growing up multitasking: The costs and benefits for cognitive development." Developmental Review 35 (2015): 5-41.

Cyert, RM and JG March., A behavioral theory of the firm Englewood Cliffs, NJ, 1963

Davenport, Thomas H., and Rajeev Ronanki. "Artificial intelligence for the real world." Harvard business review 96.1 (2018): 108-116.

DeLeon, Peter. Book Review: "Social Construction for Public Policy Reviewed Work: Deserving and Entitled: Social Constructions and Public Policy by Anne L. Schneider,

Helen M. Ingram Public Administration Review 2005 American Society for Public Administration

Doomun, Razvi, and Nevin Vunka Jungum. "Business process modelling, simulation and reengineering: call centres." Business Process Management Journal 14.6 (2008): 838-848.

Dror.Y, "Some features of a meta-model for policy studies", Policy Studies Journal, 1975

Dror.,Yehezkel, "Muddling Through-"Science" or Inertia? Public Administration Review Vol. 24, No. 3 (Sep., 1964), pp. 153-157

Dror, Yehezkel. Public policymaking: reexamined. Routledge, 2017.

Duan, Yanqing, John S. Edwards, and Yogesh K. Dwivedi. "Artificial intelligence for decision making in the era of Big Data?evolution, challenges and research agenda." International journal of information management 48 (2019): 63-71.

Duque Lizarralde, Marta, and Hector Axel Contreras. "The real role of AI in patent law debates." International Journal of Law and Information Technology 30.1 (2022): 23-46.

Dzubak, Cora M. "Multitasking: The good, the bad, and the unknown." The Journal of the Association for the Tutoring Profession 1.2 (2008): 1-12.

Edmunds, Angela, and Anne Morris. "The problem of information overload in business organisations: a review of the literature." International journal of information management 20.1 (2000): 17-28.

Engelbrecht, Dylan. "History of AI and Where We Are Today."

Introduction to Unity ML-Agents: Understand the Interplay of Neural Networks and Simulation Space Using the Unity ML-Agents Package. Berkeley, CA: Apress, 2023. 7-17.

Eppler, Martin J., and Jeanne Mengis. "The Concept of Information Overload-A Review of Literature from Organization Science, Accounting, Marketing, MIS, and Related Disciplines (2004) The Information Society: An International Journal, 20 (5), 2004, pp. 1?20." Kommunikationsmanagement im Wandel: Beitrage aus 10 Jahren= mcminstitute (2008): 271-305.

Etzioni, Amitai. "Mixed-scanning: A" third" approach to decision-making." Public administration review (1967): 385-392.

Etzioni, Amitai. "Humble decision making." Harvard Business Review on Decision Making,(Harvard Business School Press: Boston, MA, 2001) (2001): 45-57.

Ferris, Boak. "AI optimism: reasons for hope in the science of Artificial Intelligence." Skeptic (Altadena, CA) 19.2 (2014): 46-54.

Fodor, Jerry, The Mind Doesn't Work That Way: The Scope and Limits of Computational Psychology, 2000.

Fuller, Sally Riggs, and Ramon J. Aldag. "Organizational Tonypandy: Lessons from a quarter century of the groupthink phenomenon." Organizational behavior and human decision processes 73.2-3 (1998): 163-184.

George, Alexandra, and Toby Walsh. "Artificial intelligence is breaking patent law." Nature 605.7911 (2022): 616-618.

Goldstein, Ira, and Seymour Papert. "Artificial intelligence, language, and the study of knowledge." Cognitive science 1.1 (1977): 84-123.

Goodman, Bryce. "Hard Choices and Hard Limits in Artificial Intelligence." Proceedings of the 2021 AAAI/ACM Conference on AI, Ethics, and Society. 2021.

Goswami, Shubham. "Analysing effects of information overload on decision quality in an online environment." Journal of Management Research 15.4 (2015): 231-245.

Grgic, Damir, and Janez Stare. "Interaction between Groupthink Predictors and Maintaining their Moderate Values." Eurasian Journal of Business and Management 10.3 (2022): 153-166.

Grover, Varun, et al. "The implementation of business process reengineering." Journal of management information systems 12.1 (1995): 109-144.

Gunasekaran, A., and B. Kobu. "Modelling and analysis of business process reengineering." International journal of production research 40.11 (2002): 2521-2546.

Gusfield, Joseph R. Constructing the Ownership of Social Problems: Fun and Profit in the Welfare State, Social Problems, Volume 36, Issue 5, 1 December 1989, pp. 431-441,

Gusfield, J.R. The culture of public problems: Drinking-driving and the symbolic order The Univ. of Chicago Press 1984.

Habib, Muhammad Nauman. "Understanding critical success and failure factors of business process reengineering." International Review of Management and Business Research 2.1 (2013): 1-10.

Hammer, Michael. Beyond reengineering: How the

process-centered organization is changing our work and our lives. 1900.

Hanna, Nagy. The information technology revolution and economic development. Vol. 120. World Bank Publications, 1991.

Hausman, Daniel M., and Brynn Welch. "Debate: To nudge or not to nudge." Journal of Political Philosophy 18.1 (2010): 123-136.

Horst, Steven, "The Computational Theory of Mind," 2003, The Stanford Encyclopedia of Philosophy, Edward N. Zalta (ed.)

Jakubik, Johannes, et al. "An Empirical Evaluation of Predicted Outcomes as Explanations in Human-AI Decision-Making." Machine Learning and Principles and Practice of Knowledge Discovery in Databases: International Workshops of ECML PKDD 2022, Grenoble, France, September 19?23, 2022, Proceedings, Part I. Cham: Springer Nature Switzerland, 2023.

Janis, Irving L. "Groupthink." IEEE Engineering Management Review 36.1 (2008): 36.

Janis, Irving L. Victims of Group Think 1973.

Janis, I. (1991). Groupthink. In E. Griffin (Ed.) A First Look at Communication Theory (pp. 235 - 246). New York: McGrawHill.

Jonscher, Charles. "An economic study of the information technology revolution." Information technology and the corporation of the 1990s: Research studies (1994): 5-42.

Kahneman,Daniel Thinking Fast and Slow. Kahneman, Daniel. Thinking, fast and slow. Mcmillan, 2011.

Kahneman, Heuristics. "Biases: The Psychology of Intuitive Judgment."

Kahneman, Daniel, et al., eds. Judgment under uncertainty: Heuristics and biases. Cambridge university press, 1982.

Kahneman, Daniel, and Amos Tversky. "Prospect theory: An analysis of decision under risk." Handbook of the fundamentals of financial decision making: Part I. 2013. 99-127.

Kahneman, Daniel. "Prospect theory: An analysis of decisions under risk." Econometrica 47 (1979): 278.

Kahneman, Daniel. "Control of spurious association and the reliability of the controlled variable." Psychological Bulletin 64.5 (1965): 326.

Kaplan, Jerry. Humans Need Not Apply: A Guide to Wealth & Work in the Age of Artificial Intelligence. Yale University Press, 2015.

Kaplan, Jerry. Artificial intelligence: What everyone needs to know. Oxford University Press, 2016.

Kassan,Peter., "A.I. gone awry", Skeptics. Vol 12 number. 2. 2011

Kergel, David. "The SNS Universe of the Control Society." Digital Cultures: Postmodern Media Education, Subversive Diversity and Neoliberal Subjectivation. Wiesbaden: Springer Fachmedien Wiesbaden, 2023. 123-164.

Kingdon, John W. Agendas, Alternatives, and Public Policies, Boston: Little, Brown, 1984

Kordzadeh, Nima, and Maryam Ghasemaghaei. "Algorithmic bias: review, synthesis, and future research directions."

European Journal of Information Systems 31.3 (2022): 388-409.

Kostick-Quenet, Kristin M., et al. "Mitigating racial bias in machine learning." Journal of Law, Medicine & Ethics 50.1 (2022): 92-100.

Kurzweil, Ray. "Superintelligence and singularity." Machine Learning and the City: Applications in Architecture and Urban Design (2022): 579-601.

Kurzweil, Ray. The Singularity Is Near: When Humans Transcend Biology Penguin Books. 2006

Kurzweil, Ray. The singularity is near. Palgrave Macmillan UK, 2014.

LaGrandeur, Kevin. "How safe is our reliance on AI, and should we regulate it?." AI and Ethics 1 (2021): 93-99.

Lang, Annie, and Jasmin Chrzan. "Media multitasking: Good, bad, or ugly?." Annals of the International Communication Association 39.1 (2015): 99-128.

Laapotti, Tomi, and Mitra Raappana. "Algorithms and organizing." Human Communication Research 48.3 (2022): 491-515.

Levinthal, Daniel A., and James G. March. "The myopia of learning." Strategic management journal 14.S2 (1993): 95-112.

Lindblom..,Charles E. The Intelligence of Democracy: Decision Making Through Mutual Adjustment. New York: The Free Press, 1965

Lindblom.,Charles E. "Still Muddling, Not Yet Through", Public Administration Review Vol. 39, No. 6 (Nov. - Dec., 1979), pp. 517-526

Lindblom, Charles E., "The Science of Muddling Through", Public Administratio Review Vol. 9. (Spring) 1959.

Lubstorf, Svea, et al. "Digging into "Zoom Fatigue": A Qualitative Exploration of Remote Work Challenges and Virtual Meeting Stressors." Merits 3.1 (2023): 151-166.

Lui, Kelvin FH, et al. "Are there associations between daily multitasking experience and multitasking performance?." Quarterly Journal of Experimental Psychology 76.1 (2023): 133-146.

Lund, Brady D., and Ting Wang. "Chatting about ChatGPT: how may AI and GPT impact academia and libraries?." Library Hi Tech News (2023).

Maital, Shlomo. "Daniel Kahneman: on redefining rationality." The Journal of Socio-Economics 33.1 (2004): 1-14.

Makridakis, Spyros. "The forthcoming Artificial Intelligence (AI) revolution: Its impact on society and firms." Futures 90 (2017): 46-60.

Manhart, Klaus. "The limits of multitasking." Scientific American Mind 14.5 (2004): 62-67.

Manoharan, Aroon P., and Alex Ingrams. "Conceptualizing e-government from local government perspectives." State and Local Government Review 50.1 (2018): 56-66.

March, J.G.(1994). A Primer on Decision Making: How Decision Happen. New York: The Free Press.

March, J.G. and Herbert Simon(1958). Organizations. NewYork Wiley.

March, James G. "Bounded rationality, ambiguity, and the engineering of choice." The bell journal of economics (1978): 587-608.

March, James G. "Bounded rationality, ambiguity, and the engineering of choice." The bell journal of economics (1978): 587-608.

March, James G. and Johan P. Olsen(1995). Rediscovering Institutions: The Organizational Basis of Politics. Free Press. London and New York.

March, James G., and Johan P. Olsen. Rediscovering institutions. Simon and Schuster, 2010.

Martensson, Maria. "A critical review of knowledge management as a management tool." Journal of knowledge management (2000).

McClure, Charles R., and John Carlo Bertot. "The chief information officer (CIO): assessing its impact." Government Information Quarterly 17.1 (2000): 7-12.

McCurdy, Howard E., The Space Station Decision: Incremental Politics and Technological Choice Johns Hopkins University Press. 2008

McInerney, Claire. "Knowledge management and the dynamic nature of knowledge." Journal of the American society for Information Science and Technology 53.12 (2002): 1009-1018.

Meyer, Peter B. Superstardom and technological turbulence: job-linked sources of earnings inequality. working paper, 2008.

Mirowski, Philip. "An evolutionary theory of economics change: A review article." Journal of Economic Issues 17.3 (1983): 757-768.

Mishan, E.J. and Euston Quah., Cost-Benefit Analysis London Routledge 2020

Moura, Ian. "Encoding normative ethics: On algorithmic bias and disability." First Monday (2023).

Mullen, Brian, et al. "Group cohesiveness and quality of decision making: An integration of tests of the groupthink hypothesis." Small group research 25.2 (1994): 189-204.

Murthi, B. P. S. and Sumit Sarkar.,"The Role of the Management Sciences in Research on Personalization", Management Science Vol. 49, No. 10. Oct. 2003

Murray, John, et al. "Sample-size salience and statistical inference." Bulletin of the Psychonomic Society 25 (1987): 367-369.

Musslick, Sebastian, and Jonathan D. Cohen. "Rationalizing constraints on the capacity for cognitive control." Trends in Cognitive Sciences 25.9 (2021): 757-775.

Musslick, Sebastian, et al. "Multitasking capability versus learning efficiency in neural network architectures." Cognitive Science Society, 2017.

Newitz, Annalee. "Goodbye to the singularity." New Scientist 256(3412) (2022): 26.

North, Douglass C. "Institutional change: a framework of analysis." Social rules. Routledge, 2018. 189-201.

North, Douglas C. Institutions, Instituional Change,and Economic Perforance. Cambridge University Press 1990.

Nye Jr, Joseph S. "The information revolution and American soft power." Asia Pacific Review 9.1 (2002): 60-76.

Nyce, James M., and Paul Kahn, eds. From Memex to hypertext: Vannevar Bush and the mind's machine. Academic Press Professional, Inc., 1991.

Oktradiksa, A., et al. "Utilization artificial intelligence to improve creativity skills in society 5.0." Journal of Physics: Conference Series. Vol. 1760. No. 1. IOP Publishing, 2021.

Ouchchy, Leila, Allen Coin, and Veljko Dubljevi?. "AI in the headlines: the portrayal of the ethical issues of artificial intelligence in the media." AI & SOCIETY 35 (2020): 927-936.

Panigutti, Cecilia, et al. "Ethical, societal and legal issues in deep learning for healthcare." Deep Learning in Biology and Medicine. 2022. 265-313.

Pastaltzidis, Ioannis, et al. "Data augmentation for fairness-aware machine learning: Preventing algorithmic bias in law enforcement systems." 2022 ACM Conference on Fairness, Accountability, and Transparency. 2022.

Peppard, Joe, Chris Edwards, and Rob Lambert. "Clarifying the Ambiguous Role of the CIO." MIS Quarterly Executive 10.1 (2011).

Pierce, Jonathan J et .al., "Social Construction and Policy Design: A Review of Past Applications", Policy Studies Journal 42(1) February 2014

Popoveniuc, Bogdan. "Pro and cons singularity: Kurzweil's theory and its critics." Proceedings of the Virtual Reality International Conference: Laval Virtual. 2013.

Reuter-Oppermann, Melanie, and Peter Buxmann. "Introduction into Artificial Intelligence and Machine Learning." Armament, Arms Control and Artificial Intelligence: The Janus-faced Nature of Machine Learning in the Military Realm. Cham: Springer

International Publishing, 2022. 11-26.

Rieskamp, Jonas, et al. "Approaches to improve fairness when deploying ai-based algorithms in hiring?using a systematic literature review to guide future research." Hawaii International Conference on System Sciences. 2023.

Rinehart, Will, and Allison Edwards. "Understanding Job Loss Predictions from artificial Intelligence." American Action Forum. Org. 2019.

Ross, Jeanne W., and David F. Feeny. "The evolving role of the CIO." (1999).

Schemmer, Max, et al. "Should I follow AI-based advice? Measuring appropriate reliance in human-AI decision-making." arXiv preprint arXiv:2204.06916 (2022).

Schwarz, Georg, "What is Computationalism?," 1990, available at www.aec.at/en/archiv_files/19902/E1990b_107.pdf;

Slovic, P., et al. "The Affect Heuristic. i T. Gilovich, D. Griffin, & D. Kahneman, Heuristics and Biases (s. Chapter 23)." (2002).

Stahl, Bernd Carsten, and Bernd Carsten Stahl. "Ethical issues of AI." Artificial Intelligence for a better future: An ecosystem perspective on the ethics of AI and emerging digital technologies (2021): 35-53.

Steinmo, Sven "Political Institutions and Tax Policy in the United States. Sweden, and Britain, in Skopol, Theda ed. American Society and Politics. McGraw Hill 1995

Steinmo, Sven et. al. eds., Structuring Politics, Cambridge University Press. 1992.

Tham, Jason CK, and Gustav Verhulsdonck. "Smart Education

in Smart Cities: Layered Implications for Networked and Ubiquitous Learning." IEEE Transactions on Technology and Society (2023).

Thompson, Clive. Smarter than you think: How technology is changing our minds for the better. Penguin, 2013.

Thompson, Clive. "The minecraft generation." The New York Times Magazine (2016): 48-53.

Thompson, Clive. "Brave new world of digital intimacy." The New York Times 7 (2008).

Turner, Marlene E., and Anthony R. Pratkanis. "Twenty-five years of groupthink theory and research: Lessons from the evaluation of a theory." Organizational behavior and human decision processes 73.2-3 (1998): 105-115.

Udehn, Lars. The limits of public choice: a sociological critique of the economic theory of politics. Routledge, 2002.

Vidalis, Takis. "Artificial Intelligence Into Democratic Decision Making." Encyclopedia of Data Science and Machine Learning. IGI Global, 2023. 1600-1613.

Walton, Paul. "The limitations of decision-making." Information 11.12 (2020): 559.

Wang, Changyu, et al. "How can leaders alleviate employees' workplace anxiety caused by information overload on enterprise social media? Evidence from Chinese employees." Information Technology & People 36.1 (2023): 224-244.

Wastell, David G., Phil White, and Peter Kawalek. "A methodology for business process redesign: experiences and issues." The Journal of Strategic Information Systems

3.1 (1994): 23-40.

Weill, Peter, and Stephanie L. Woerner. "The Future of the CIO in a Digital Economy." MIS Quarterly Executive 12.2 (2013).

West, Matthew T. "Ubiquitous computing." Proceedings of the 39th annual ACM SIGUCCS conference on User services. 2011.

Wildavsky, Aaron B., Politics of the budgetary process. Little, Brown 1964.

Worringer, Britta, et al. "Common and distinct neural correlates of dual-tasking and task-switching: a meta-analytic review and a neuro-cognitive processing model of human multitasking." Brain Structure and Function 224 (2019): 1845-1869.

Wu, Junyi, and Shari Shang. "Managing uncertainty in AI-enabled decision making and achieving sustainability." Sustainability 12.21 (2020): 8758.

Yehezkel Dror, Public Policymaking Reexamined New York Routledge 1983

Yigitcanlar, Tan. "Urban management revolution: intelligent management systems for ubiquitous cities." The International Symposium on Land, Transport and Marine Technology. 2008.

Zhang, Hui, Xiaolin Xu, and Jianying Xiao. "Diffusion of e-government: A literature review and directions for future directions." Government Information Quarterly 31.4 (2014): 631-636.

Zou, Bin, et al. "Artificial intelligence technology for EAP speaking skills: Student perceptions of opportunities and challenges." Technology and the psychology of second language learners and users (2020): 433-463.

인공 지능시대의 정책결정

초판발행 2023년 4월 20일

지 은 이 김준모

펴 낸 이 김복환

펴 낸 곳 도서출판 지식나무

등록번호 제301-2014-078호

주 소 서울시 중구 수표로12길 24

전 화 02-2264-2305(010-6732-6006)

팩 스 02-2267-2833

이 메 일 booksesang@hanmail.net

ISBN 979-11-87170-53-2

값 15,000원